當老而不死

殷琦

推薦序

早前有幸接受了蜂鳥出版邀請，為殷琦新著《當老 而不死》撰序。閱讀初稿不久，已經能感受到作者的敏銳及使命感，或許我同屬藝術背景出身，體會到內文細節上滲透著一般學者或記者難以描述的感性，相信只有落地落場爭鬥過的人與持份者，才能得知箇中疾苦，見證制度下的人情冷暖，使文筆同時不失治療專業及文藝人的情感流動與觸覺。

香港在過去有不少安老院負面新聞的報道，安老院反而令老人更「不安」，給大眾的印象就是「等死」的中轉站。好比一天一天活下去，卻一天比一天難受。尤其在這老年人口「預期健康壽命」平均只有七十多歲的城市，需要「被照顧」至平均八十多歲，恐怕這十多年身體衰退的苦難或試練，會變得恍惚永無止盡。

在社會資源及福利政策的不均和短缺下，專業人士與照顧者更需要多方面配合，否則愈來愈多的負面新聞，往後便會墜落在尋常百姓家，成為老年化社會的災難。

自己在生死教育範疇上推動多年，覺得可靠資訊的流通與普及性至關重要，這是在文化上移風易俗的咽喉之處。幸得《當老 而不死》在本港相關安老的普及讀物中，是少有具專業實戰及簡單易明的參考書。若你剛巧是安老服務工作者或是照顧者，你會感同身受在艱難的路上，原來仍有人以不同方式作出倡議及推動社會，決心要「安老而不苦」。

伍桂麟
香港生死學協會會長
「一切從簡」殯儀社企創辦人
「生死教育 X 伍桂麟」面書專頁版主

推薦序

老，是每個活到一定歲數的人都一定要面對的煩惱，誰也逃避不了；但我們以甚麼心態和做些甚麼預備工作去面對自己的老年，卻是能自主的事。要做自主的決定，我們就必須理解目前香港的安老情況，也要多思考年老時究竟會遇到甚麼困難、心理上有甚麼挑戰。

殷琦這本書讓我們了解更多有關年老的課題，它不只告訴我們諸如「安老院的日常」等香港的具體情況，也進一步探討怎樣才是理想的安老安排，以及在有限資源下可以怎樣突破現狀，追求理想。所以說，這除了是本大家為了自身應該讀的書，也是任何關心香港安老問題的人都要看的作品。

鹽叔（楊俊賢）
哲學推廣平台「好青年茶毒室」成員

自序

各位讀者好，開始之前我想先介紹自己。我是一位表達藝術治療師——更精確一點，我是一位在安老院工作的表達藝術治療師。這個「工種」配搭這個「工作單位」，在香港真的少之又少，實是相當特別了。

一開始做長者工作，除了覺得自己與長者算溝通得來外，同時也基於一份憐惜。或是因為自己大學時主修中史與中國文學，對他人的歷史代入感比較強；我總覺得，在一九三零至一九五零年出生、經歷戰亂、日軍統治、三年零八個月、重光、經濟起飛……的他們，是活在「相對平安」時局的人們難以明白的一群。

因大時局影響，他們把一生奉獻予子女也好，時代也好，反正太多事情都非他們能控制；他們較少機會思考自己想過甚麼生活或計劃人生之時，轉眼生命卻已然走到盡頭。

他們是失去了自我的一代。

然而當他們付出一生，社會回饋他們的卻絕不對等；香港的安老政策（其實是整體社福政策）做得如何，也是不言而喻。可悲的是，這一代長者們所受的教育程度，又不足以令他們學會爭取應有的權利。

我喜歡做長者工作的另一原因，是因為他們無可否認地算是被社會嫌棄的一群，就例如治療師中選擇做長者服務的也比較少——更多的服務對象以特殊學習需要學童或者青少年為主。有一位前輩曾說過：「做長者有時會做到好『懨悶』。」在安老院工作在大眾心目中似乎並不是一件好事。這讓我加倍為長者感到心疼。

在此由衷感謝蜂鳥出版的邀請，我得以前線安老服務工作者第一身角度，寫這本關於香港安老的書。這是一本任何人都適合看的書——第一部分我會談到安老服務日常、香港安老服務的現象與問題；第二部分會進入討論老人權利的問題，包括長者生存尊嚴、香港長者福利與照顧不足等；第三部分我試以與外國不同例子作比較，提出革新香港安老服務的見解與建議；最後我試從社會科學角度談老，了解何謂變老。

與此同時，我特意走訪前線安老專業人士，讓讀者以更多角度了解議題。在此再次誠摯感謝各位受訪者（排名以訪談順序列出），包括香港大學社會工作及社會行政學系榮休教授周永新教授、「鐵樹銀花」社企創辦人岑啟灝先生、關護長者協會團隊、關護長者協會主席兼創會理事蘇家駒醫生與總幹事鍾少玲女士，以及「好青年茶毒室」室友鹽叔。您們的真誠分享實為此書生色不少，大大加深本書的討論層次。

若你是前線安老服務工作者或是照顧者，本書可能會讓你產生共鳴；若你關心未來香港安老發展，本書或能刺激你思考；若你是一個即將會老去的人，本書也許讓你有所啟發，為未來有所預備。

夠幸運的話，我們都大概會有老去的一天；終有一日，也許我們都會成為別人眼中的「廢老」。將心比己，我也不想過現在長者在安老院過的生活。讓我們來想象在老去之時希望過上怎樣的日子？

第一章

老人、照顧者與院舍的愛與恨

談起住「老人院」，我們總有一大堆不太正面的刻板印象（Sterotype）：悲慘又神秘、陰陰暗暗、了無生氣、怪異的屎尿騷味、三不五時又「走」一兩個人……恍如集中營般，只有做義工時才會想起的地方。而社會大眾對長者的印象本來就不好：「廢老」、「藍絲」、「頑固」、「恃老賣老」，所以長者加安老院這個組合，更讓人避之則吉。

大眾對長者有這般印象並不是全無道理。我有一位上司曾說過：「在安老院工作，好像在 Psy Ward 工作一樣。」Psy Ward，即 Psychiatric Ward，精神科病房的意思。安老院中的認知障礙症長者比率甚高，因腦退化症而產生的精神行為症狀（Behavioral and Psychological Symptoms of Dementia）可謂層出不窮。甚麼遊走、大吵大鬧、偷東西、指控別人偷東西、玩屎玩尿諸如此類，都是安老院每天日常；再加上長者日常自理能力衰退，失禁亦常見，故此有怪味瀰漫亦是等閒之事。

做長者工作是否真的很困難？我不能否認有一部分是事實，但我仍能從中發掘到很多有趣小事，包括長者的情感流露、與人互動……因為在我眼前，都是一個個活生生的人。而作為一個如此弱勢的群體，他們很多身心需要其實都不被尊重、理解和接納；他們甚至不能發聲，或是不知道自己原來可以發聲，所以我不太喜歡「老人院」這個名稱，自己多稱之為「安老院」或「護老院」，因為我認為，長者本身就是應該被尊重、被照顧愛護的一群；而其實，每一個人都是。

盼望這一章，我能以文字把你的眼光帶進一間真實的安老院中。一間安老院是如何運作？裡面會發生甚麼事情？職員是如何照料長者？當中又有何小情小趣？

安老院的平凡一天

猶記得我第一天正式在安老院上班，一走進辦公室便見到一位八十多歲的婆婆正在看金魚。「你好呀！早晨！」我親切的打招呼。「你好啊……這裡是哪兒？」她顫抖著雙腳轉身。「這裡是安老院呀。你叫甚麼名字？今年多少歲？」我笑著問。「今年……今年我三十歲呀。」滿面皺紋的她回應。

我的安老院工作生涯，就由認識一位自以為三十歲但實際上已八十多歲的婆婆正式開始。

小齒輪　細分工

在安老院，面對長者因腦退化症帶來的認知缺損後遺是重點工作。認知缺損伴隨問題包括日常自理能力衰退，不能自行吃飯如廁洗澡；思維混亂，出現各種莫名其妙的行為；另一方面，身體問題與衰退引致需要加強的照顧工作亦十分繁重。

安老院內，職員有仔細的分工，大家各司其職：院長高層負責整個院舍的運作、對內對外所有範疇；社工同事負責管理院友日常、處理個案、與家屬聯絡溝通；不同治療師針對長者的需要籌劃不同活動，延緩長者身心衰退的情況；護士負責跟進院友各種護理安排及醫生到診等事宜；護理員跟隨護士，協助簡單的護理工作；配藥員為院友執藥；日常基本照顧，包括餵飯、協助上廁所及洗澡等則由照顧員負責；還有一眾勞苦功高的清潔工友等等。在照顧長者生理需要的同時，亦不能忘記他們的心理需要，故亦有活動助理為院友籌辦社交與康樂活動，例如買賣小食和生果、安排不同團體探訪等。大家都盡責地作好推動安老院運作的小齒輪，每天為院內長者重複簡單又忙碌的生活。

滿滿的院舍日程表

院舍是一個早睡早起的世界。究竟有多早？大約清晨四至五時就會有照顧員開始「起人」！大家做晨操的做晨操、梳洗的梳洗，之後七時半吃早飯，十時多就會開始群體活動，接著是十一時半的午飯；睡個下午覺後，兩時多下午茶。

在職員忙於工作的同時，閒著的院友會有千奇百怪的事情發生——吵架、投訴偷東西（妄想居多）、遊蕩、「走佬」之類，即便設有警報系統，有些院友仍能用你想像不到的速度逃走，而一旦走失可是非常嚴重的事，所以絕不能發生。另外上廁所又是一大問題，試想想那麼多人，單單是輪流要求上廁所，而每個院友又需要不同程度的協助，已經夠照顧員忙翻天；而我作為治療師，下午會比上午忙，因為小組活動一般會在下午茶時段結束後開始。我服務的院舍除了提供職業治療與物理治療外，更有言語治療、音樂治療與表達藝術治療（可能是全港最多治療師的院舍吧！），目的不外乎是希望院友在身心靈上得到全面而悉心的照顧。

即便有那麼多元化的治療項目，全院二百多個院友也不一定都有能力與有興趣參與，故此部分仍會在飯堂逗留，打麻將、看電視、踏健身單車；有些學識較高、視力尚可的也會看看小說，但更多的就只是坐著發呆。到底如何去拿捏長者最想做些甚麼？這得視乎你是否願意細心留意他們的所思所想。

在尚未日落西山的五時就是晚飯時間，然後視乎幸與不幸，行動力較差的長者或會在晚上七至八時就被移到床上。可能有人會疑惑：「五時食飯？那到九時不會很餓嗎？」所以院內會有簡單的宵夜供予有需要的院友。另一方面，清晨四五時就會被吵醒的他們，普遍九時多都要睡了。

哪怕到深夜，院內仍有職員默默照顧不同院友需要——護士需輪班通宵工作，護理員則為有需要的院友轉身、換片。眨眼間，又到隔天早上……這樣的生活不僅在本院，而是全港安老院的每天日常。

理想與現實　安老院還是集中營？

我在職的院舍應是全港數一數二安排最多活動予長者的院舍，所以我不太能想像其他住在沒有康樂與治療服務院舍內的長者，是如何度過晚年生活。如果每天都只在等待吃飯、上廁所和睡覺中度過，這樣的生活仍算是生活嗎？長者的身心狀況可以退化得有多快？到底怎樣的生活才是理想的安老？

在院友眼中，我應該是一個帶給他們快樂的人，遺憾地，這樣的角色在香港並不常見。無怪乎一般院舍在大眾眼中只是「集中營」、非人性化的地方，普羅大眾對安老院亦多有不良印象。

將心比己，在你老去的那一天，你會期待這樣的生活嗎？

安老院的屎尿奇聞（上）

在安老院工作，面對長者大小便失禁是常態，而安老院廁所也實是一奇聞之地。以小便失禁為例，根據資料顯示，社區內六十五歲以上長者失禁率約為5至10%；急症入住醫院長者失禁率約為25至33%；安老院長者失禁率則為50至80%，即每一百人當中便有五十至八十人會出現大小便失禁的情況（何淑娟，2015）。失禁成因有很多，除生理之外，心理也是一大因素，為此也常有令職員哭笑不得的情況發生。

在護理安老院工作，面對中晚期腦退化症長者是我們的工作日常，他們的認知功能已出現中度或嚴重缺損，難以表達出「我小便／大便了」，往往需要定時換片或是由職員自行嗅出來，但原來也有可能培養出定時定候的如廁習慣。我就曾試過安排某長者於特定時段進行治療活動，結果每次他都在這段時間大便而來不了……

我的工作內容需要為院友們進行不同的小組或個案治療；若在小組治療期間發生「大」事，往往要出動獵犬鼻搜索「出品人」。話說某次進行中晚期腦退化症長者小組治療，中途已覺不妥，但由於味道不甚濃烈，故亦撐住做完整節治療。結束後同事入房，甫開門便驚訝道：「嘩咁勁你唔覺嗎？」我苦笑，可能嗅覺已經麻木了吧？某些長者因失禁頻繁，連輪椅也滲有異味，難以除去；這次參加的長者情況也大概如此，故才有揮之不去又難以追蹤源頭的臭氣。

嗯，很可怕是吧？誰會想坐在一張陣陣屎味的椅上，但原來單單洗輪椅已是一大工程和學問，並不輕易做到。安老服務就是這樣，芝麻綠豆的小事，聚沙成塔就變得非常難搞——這就是安老服務的特質。

揭開「玩屎」之謎

另外一大難題是「玩屎」——中晚期腦退化症長者偶有玩屎情況發生。某些認知障礙症患者會出現感統問題，例如因皮膚病而感到痕癢，不斷抓癢至受傷流血也不知痛；更常見情況是長者大便在尿片後感到不適，又不知道「大便是大便」，故從尿片中抓出屎丟來丟去，結果自然一團糟。

但玩屎的成因又不一定如上述般，必須研究一番以找出箇中原因。曾聽說過長者是與家人賭氣、不忿自己要住安老院，所以日日玩屎來「報復」，結果跟家人談過後即時終止行動。說來好氣又好笑，但試想象若在院舍中十個有一個是這樣子，都足以令你頭痛非常。

那面對輕中期腦退化症長者又是否比較輕鬆呢？且看下回分解。

參考資料

何淑娟（2015）。《老年失禁》。律敦治及鄧肇堅醫院港島東社區老人評估小組。取自 https://www.healthyhkec.org/download/2015-06-22/sk_ho.pdf

安老院的屎尿奇聞（下）

上回談到中晚期腦退化症長者的屎尿問題，那輕中期腦退化症長者又是否比較易處理呢？嗯……是另一種難搞。在這裡分享數個自己的親身經歷：

一、偷廁紙怪賊與摺廁紙習慣

首個問題是偷廁紙。「點解要偷廁紙？廁紙都偷？」原來這個年代的長者大多出身窮困，十分節儉，見有廁紙就總拿一大堆，結果洗手間經常出現無廁紙的狀況，職員不得不把卷裝廁紙收起；另一方面，部分輕中期腦退化症長者特別沉迷摺廁紙這興趣，將好好一卷廁紙如強迫症般逐張撕開，又一張一張的摺好。某些長者可能摺完自己的廁紙，就去偷人家的廁紙。

二、上廁所中途睡覺

有長者經常精神不振、昏昏欲睡，連上廁所時也一不小心睡著了，需要旁邊照顧員不斷提醒「好好痾不要睡覺」，或總是思緒混亂或說謊，明明未去廁所卻堅持自己已經去過。

三、吟出「屎」詩

曾有一位中度腦退化症的婆婆被推來治療室，她頻頻嚷著「我瀨咗屎，幫我清潔呀！」同事一臉無奈地補充：「今朝已替她換片了！」嗅覺是鑑定的最好方法，我聞一聞，沒有味道。「已經換片啦！」我回頭跟婆婆說道，但婆婆卻堅持：「瀨屎我自己唔知咩！」但我又繼續堅持：「你無瀨屎，啱啱已經換咗片啦！」彼此竟因此爭持了數分鐘……然後，她突然出口吟詩：「瀨咗屎我臭崩崩，我個屎忽好身痕」，引得哄堂大笑，最後她突然又說了一句「我又好似無瀨屎喎。」我與她大眼瞪小眼，連她也笑了，小組治療因而順利開始。

四、如何有禮而不失霸氣地請醒目的失禁長者離開「案發現場」？

話說有一次我為一班輕至中度腦退化症的長者進行治療活動時，一陣異味襲來。「是誰？！」我心中暗忖，但又不好意思高聲問「誰大便了？」當進入需要站起來的治療環節時，我駭然發現其中一位長者褲上已沾有大便，連椅子上也有著明顯污漬，同時也伴隨著濃烈的臭氣。輕至中度腦退化症患者的溝通能力尚可，要是大喊「你大便了！快去清潔」的話，當事人未免尷尬又難以下台；基於顧及長者尊嚴的原則，我靈機一動，走到門外探探頭說：「某某某，姑娘找你呢，請你過去一下」，如是者，某某某即出外清潔，算是慌亂中化解危機。

經過那次之後，再進行任何小組活動我都變成驚弓之鳥，開始時總不忘提醒大家先要上廁所，更搞笑的是我其後在同一小組中又嗅到異味，心想「大件事了！」又使出同一技倆請某某某出去檢查一番，但今次某某某站起來卻沒有屎漬；再嗅清楚一點，味道卻消散掉。好吧，大概是有人放了一個大屁吧。

說了這麼多，或許有些人會覺得「嘩……」「咁嘅……」，我倒是覺得還好，主因之一當然是我並非主理這個問題的人。大家又有沒有想過，為何替嬰兒把屎把尿就是小樂趣，協助老人家就是厭惡性工作？而在我們一臉厭惡、緊皺眉頭，覺得「嘩哟老人家咁污糟」的時候，又有否想過這也許是我們將來的寫照？

我們對長者失禁這事宜又有多了解？我們願意了解、接納他們的需要與狀態嗎？我想表達的是，任何一位貼身照顧長者的人，其實都是在做一份極其吃力卻又永遠不討好的工作。在此，我想再次為照顧者獻上最深的敬意。但這些最貼身照顧長者的人，又何曾被社會大眾給予過恰當的尊重？在他們的工作薪金上，又有反映過這份尊重嗎？

***

有心無力的照顧文化

若你現在或曾經是照顧者，相信你深知道照顧一位長者可以有多吃力；而一名院舍照顧員卻要照顧幾位甚至十幾位的長者，她們（照顧員絕大部分為女性）的一天到底是如何度過？一切由早上談起。

院舍照顧員的一天

照顧員的工作由早上四時多「起人」開始，光是要令全部院友起床也得花上數小時，直至七時半早餐時段才正式展開。安老院共有三層，每層約住了七十名長者，單單派飯都要花上半小時，更別提飯餐還分好、碎、爛、糊四種，每位長者各有不同配搭，而不少長者已不能自行進食，需要照顧員輔助。吃飽過後，大約會有三十至四十五分鐘的全體活動時間，由於地方限制，照顧員需要把厚重的木桌搬到一旁，好讓長者可以在飯堂中央圍成一圈，待活動結束又要還原位置。

活動完畢是上廁所的時間。由於院中近一半人需要坐輪椅，這代表有一半人需要一人至二人協助轉移（Transfer），而廁格數量有限，所花時間可想而知。到了十時，她們就要開始為派午飯作準備，好等院友在十一時半可以準時開飯，過後全體上又多上一回洗手間，轉眼間又過了大半小時。

兩時的下午茶過後，照顧員會開始此起彼落的詢問長者：「你今日有沒有大便呀？！」並記錄在案，就是連這種問題也要全部人問一遍。

至於洗澡，因為院友實在太多，無法每天為他們洗一次，所以院友分一、三、五及二、四、六洗澡，即隔天一次。他們大都非常期待洗澡，足以為此快樂半天。但由於某些長者出現感統問題，洗澡對他們而言未免太過刺激，因此照顧員不時陷於苦戰，浴室傳出大吼大叫亦十分普遍。

晚飯不過是把上述工作重新做一遍，然後又要將長者搬移至床上準備睡覺，還未算要為完全失能的長者換片及翻身、應對院友奇怪行為和解決紛爭。不同機構下的安老院日程表或有差別，但相信大同小異。照顧員是輪班制，夜更薪水會較高，不管懸掛八號風球或黑色暴雨警告一樣照常上班。

由於工作繁重、辛勞、重複性強，亦屬厭惡性工作，故長期難請人。人手不足，事情又要做得快，不僅無法照顧每一個個體的需要，而且容易出錯。日復日的艱辛工作沒有對等的金錢回報、沒有明顯晉升階梯、社會地位不高，因此這些照顧員大部分都屬於基層，每天為社會中的失能者默默付出汗水和辛勞。

在院友家屬常常覺得照顧服務不夠周全的同時，現實是大部分院舍都是「十個煲得六個蓋」，而照顧員一般都已達嫲嫲級別，年輕力壯者甚少，工作卻需要大量體力勞動，同事們縱使有心也無力。

照顧員稀缺　根深柢固的問題

面對照顧員稀缺問題，政府早於二零一五年推出「青年護理服務啓航計劃」，鼓勵年輕人投身安老及康復護理服務，但到了二零一七年，有訪問提到這些青年完成實習後並沒有留職繼續工作，而選擇轉行或進修；無可否認地，工作性質的辛勞和晉升階梯不明朗，都是讓年輕人選擇離開的主因（尤翠茵、黃清兒，2017）。

其實投身某一行業或工作有很多考量，若單以短期的鼓勵計劃來吸引人入行，不過治標不治本。照顧員由薪金、工時、工作性質、晉升階梯，以至社會地位都不吸引，又如何要求年輕人入行？是不是更應該先改善工作待遇？更重要的是減緩長者失能情況，這才是根本解決人手問題的最佳方法；但政府的安老政策，又是否有針對這一點？相信大家心中有數。

談到最後，我想與大家分享一則新聞。二零二零年五月，在新冠肺炎疫情肆虐下，加拿大一間安老院機構職員因害怕感染，居然「集體逃亡」，留下長者在院內自生自滅，最終三十一名長者死亡，其中至少五人死於新冠肺炎。當時院內大多數員工疑似擔心染疫紛紛逃離，只剩下兩名護理師照顧院內一百三十名長者。衛生當局接報後到場，發現部分長者出現脫水情況或因多日無人協助餵食而奄奄一息；另有長者身上沾滿排泄物，甚至跌在床下，還有二人已氣絕多日（頭條日報編輯部，2020）。

醫護人員在這場疫症的付出當然可敬，但每天謹守崗位照顧長者的一群人，也很值得被看見。

參考資料

尤翠茵（監製）、黃清兒（採訪）（2017）。《年輕人從事安老行業》［軟性新聞節目］。《視點 31》。香港：香港電台。取自 https://www.youtube.com/watch?v=ii8x3qP91dE

頭條日報編輯部（2020 年 4 月 19 日）。〈加安老院看護集體逃離致 31 長者亡　支援者淚湧：太不人道〉。《頭條日報》。取自 https://hd.stheadline.com/news/realtime/wo/1750275/%E5%8D%B3%E6%99%82-%E5%9C%8B%E9%9A%9B-%E5%8A%A0%E5%AE%89%E8%80%81%E9%99%A2%E7%9C%8B%E8%AD%B7%E9%9B%86%E9%AB%94%E9%80%83%E9%9B%A2%E8%87-%B431%E9%95%B7%E8%80%85%E4%BA%A1-%E6%94%AF%E6%8F%B4%E8%80%85%E6%B7%9A%E6%B9%A7-%E5%A4%AA%E4%B8%8D%E4%BA%BA%E9%81%93

期望落差與投訴文化

在安老服務中，投訴是十分常見之事。的確，香港安老服務有很多不足之處，由於院舍服務良莠不齊，使得很多家屬把長者送進院，莫不膽戰心驚，於是枝微末節也緊張一番，稍有不滿就投訴，讓同事主管們都怕得很。主管行政事務繁重，還要不時處理家屬這樣那樣投訴，為安撫他們而終日疲於奔命，結果投放予照顧長者的時間無可避免地減少。

現時科技發達，家屬能在其他渠道知悉院舍規矩，甚至了解一些行內專業，結果在有限知識下不停對院舍服務提出質疑者大有人在，相信這也是各醫療工作者的難處之一。知識其實是雙面刃，照顧者的緊張與投訴對質素參差不齊的院舍能起監督作用，但矯枉也會過正，院舍動輒得咎，也造成照顧員沉重的壓力。

院舍是否全無監管責任？當然不是，我聽說過因照顧員疏忽大意而令長者受傷的事件；但另一方面有些家屬的確會過度緊張，例如需要親自監督整個護理過程，最後雖不滿意卻又找不到可挑剔之處；或因信不過醫生於是自己買來一堆藥品給長者，長者其後情況沒有好轉又把責任歸咎於院方。那究竟是院方出錯，還是家屬帶來的藥品有問題？當真是有理說不清。若果每位家屬都如此要求，院方可就慘了……

我發現有某些經常投訴的家屬，在表面的躁動下，更多是來自心中的歉疚；他們容易怪責院方，背後藏著希望院舍是一個真正能夠讓父母或長輩安享晚年的地方，以減少自己要送他們入安老院的罪惡感。總的而言，多溝通與了解才是保持家屬與院舍職員良好關係的不二之法。

投訴文化衍生的因循問題

投訴文化絕對是令院舍思維因循的遠因，例如社會上一直有聲音希望安老院試行「不綁老人」，可是若因長者跌倒而受傷甚至死亡，家屬反過來譴責院方照顧不善的話，那院方為何當初不好好綁住就夠？反正不做不錯就不要多惹事生非；另一方面，同事每日忙於做檔案記錄長者狀況及工作細節過程，不為別的，只為保障自己；而真正面對長者、服務長者、為長者設想的時間則愈來愈少。但說到底，為何家屬會如此擔心？為何會養成投訴文化？始終源自安老服務本身的質素問題。做得好、定期革新、老人家活得開心，家屬又有何擔心？

那為何大部分安老院服務差劣？也不就歸因於政府體制不周，私營機構則只向錢看為減省開支而將就不足？在埋怨制度缺陷之時，家屬也必須明白，你把父母或家中長者送進來，他們就要習慣安老院的生活，包括集體照顧、不能事事以你為優先，甚至上廁所都要排隊。雖然近年也有不少熱心人士致力改善安老服務現況，但路仍漫長，亦需要政府政策、現役安老服務從業員等多方協助，期盼長者能在安老院中安享晚年那一天早日到來。

疫情下的平行時空

二零二零年，不論香港或是放眼整個世界，都在變天。至於安老院嘛，卻反而安然得很。長者本身就是活在過去、愛在過去的一群人；人愈老，世界愈窄，他們的生活大多已停留在某段人生最豐盛的時刻，現時發生的一切既近且遠——對他們而言，能接收疫情資訊的渠道就只有電視與早上時分一段小小的廣播。

坦白說，長居於院內的他們就恍如存在於平行時空般，無論外面山泥傾瀉、死人塌樓，只要不是真．世界末日，院內仍是安安穩穩的（早前社運同樣如是）；作為職員，致力讓他們維持愉快寧靜的生活也算是一大責任。只有少量醒醒目目的長者，明白如今世界變天，跟他們談起時，也會展現點點擔心之情。

院友的生活變化雖是不大，但職員卻是如臨大敵，清潔工友更是首當其衝，連飯堂也變成如茶餐廳般的膠板式圍封。口罩供應方面，自新年後已是限量供應，職員們省著用就是了。

由於怕疫情被探訪人士帶入，故除了家屬不能前來探訪、所有探訪活動暫停以外，社交活動也僅限於自己身處的樓層，進行我們俗稱「隔樓」的感染控制措施，以防出現交叉感染。對院友而言，最難過是家屬不能前來探訪；事實是，很多長者每天最大的期盼就是親人前來照顧自己。我任職的院舍就安排了視像通話，至少讓長者一解無法相見的鬱悶，算是彈性處理。「雖然不能見家人，讓我很苦悶，也很想念他們，不過也明白這是沒辦法的事就是了。」其中一位善解人意的婆婆跟我這樣慨嘆。

增加多元藝術治療　照料長者身心靈

隨年齡增長，不少長者已失去為自己安排活動消遣的能力，終日以電視為伴，但看電視畢竟只算是被動的活動，未能有效維持他們的身心和社交能力。表達藝術治療是其中一種適用於長者的治療，不同藝術模式如音樂、視藝、舞動、創意寫作等，均有效活化大腦、延緩認知衰退，對長者身心俱有裨益。

在這段特別時期，院舍方面也特別要求我多加留意院友情緒，為有情緒狀況的院友進行額外輔導和心理治療。的而且確，有些長者因未能與家人相見，變得鬱悶非常（平日已經夠鬱悶了，再加上未能見家人更是頹喪）。我也因應隔樓措施，為個別樓層安排適合的活動，包括表達藝術治療情緒小組、社交小組、興趣小組等，讓長者在這段期間也能紓鬱解悶。

秀雅是一位年逾九十的婆婆，頭腦卻仍相當清晰，雖然只有小學教育程度，閒時卻喜歡寫寫字、填填顏色，十分文靜有禮。

在疫情期間，家屬不能探訪，這可苦了秀雅婆婆。家人待她很好，經常來院探望，現在卻只能透過一星期一次的視像通話相見。為了讓她有紓解鬱悶的機會，我安排她進行一節個人治療時段——送她「秘密花園圖」，鼓勵她運用不同方法填色。別以為老人家一定不懂得欣賞這類新興的西洋玩意，幾天下來她已填滿好幾幅，非常喜歡，更識趣地在我的上司面前說：「是殷姑娘教我填的。我當初也不懂，嘗試下來又覺得可以配色，看著填得好看的自己也喜歡。」她也在跟家人視像通話時分享。

藝術就是這樣，能突破很多人與人之間的限制和藩籬，也可以跨越身體限制、時空、視像。這也是我在疫情之下，身為一位表達藝術治療師，能為院友貢獻的微小事情吧。

日間中心關閉　照顧者的噩夢

我所任職的安老院同樣有日間中心服務，由於疫情關係，前來中心的長者人數驟減，職員需要照顧的人數雖然少了，但同時也少了一些人氣，及後更在政府頒令令下關閉。

疫情一方面打亂了長者的生活日常，加劇了部分人的退化狀況，另一方面亦令照顧者的壓力百上加斤。需知道使用中心服務者，十居其九自理能力已不斷下降，洗澡、如廁、吃飯等都要靠別人幫助。無論是身體有缺陷需要日常照料，或是因精神問題而產生的行為問題也好，照顧者要解決這些大大小小的情況，可是非常吃力；加上香港有不少「以老護老」或是「在職護老」的情況，既要全職工作又要分身照顧長者，或是自己健康狀況不佳又要照顧別人者比比皆是，結果顧此失彼不可能盡善盡美。

曾為照顧者又同時投身安老服務的我，一方面明白為何關閉中心，另一方面也明白照顧者每天和被照顧者鬥智鬥力、身心俱疲的感受。不身處其中，實在很難明白安老服務是何等重要。早前張超雄提出建立「喘息支援津貼」，原意當然好；但坦白說，一次性的派錢措施，等於撇下一句「噚，錢我就畀咗，你要點處理唔關我事」的放任態度。終究政府根本不願承擔資源分配的責任，為照顧者作長遠的規劃。照顧者現時每天面對的沉重壓力，又有誰看見？又從何解決？

「為何不讓我快點死？」──疫下的生死觀

疫情肆虐，長者族群成重災區。在一個個確診與死亡數字背後，其實長者自己又如何看待新冠肺炎這回事？他們又是如何過日子？

我在安老院及日間中心工作，現時日間中心服務大都暫停。身在安老院的長者們，以前也算是有些機構熱熱鬧鬧來探訪、這樣那樣的活動，但現時卻是連家人都難以見面，對於外界已到完全隔絕的狀態。雖然非常時期需要執行非常措施，但大家又可以想像這大半年他們幾乎沒見過家人的日子嗎？對於無法身體接觸的視像會面，或是隔上膠板相見，倒有長者跟我表示覺得更慘，恍似探監一般；但當然也有不少會對著熒幕露出沒牙齒的笑容，可愛得很。

在戴口罩問題上，要求他們全部人好好戴上口罩幾乎不可能，一方面出在口罩供應問題，另一方面是實際操作困難。其實有認知障礙症的長者連上廁所的次序都會忘記，又怎可能奢求他們正確戴上口罩？

在早一陣子日間中心仍然運作，我就見到一位日間會員龍叔把口罩拉到下巴下方，沒好氣又提醒他好好戴上。龍叔為人隨和，在提醒過後一定會改善，只是十分鐘後口罩又會拉到下巴下面罷了。而政府派發的銅芯口罩，對一班連上廁所也需要協助的安老院長者而言，要自己洗滌口罩幾近天方夜譚。在機構層面看來，此舉只為一眾同事徒添行政負擔而已，單討論這些口罩應如何處置就已花了好些時間。

死得痛快的冀望

有一些較為健談的長者對於因染疫而死亡的問題，看得很開。「我都半隻腳踏進棺材啦，只望別死得太辛苦就是了。」薑婆婆這樣說。在旁邊把口罩「一戴一露」的醋婆婆一邊豎起手指公表示認同。「當然衛生我會做足，只是事實確是如此。」

薑婆婆攤攤手。

「我每日都很想死呀，為何不讓我快點死？」那邊廂，長期坐在輪椅上、終日出入醫院的木婆婆天天喊死，可能染疫對她而言是解脫吧。走到生命盡頭，每天想死到底是甚麼概念？我不懂，也不想懂。作為香港長者原來是這樣「安享晚年」，真是何等悲哀。

每當我在新聞上看見因新冠肺炎而死亡的長者報道，總會無限聯想：雖然大家都很害怕，但或許他們都期望已久？在香港從事長者服務工作，有時真的令人很鬱悶。活得快樂者鳳毛麟角，百病纏身又一息尚存者並不少，活一天折磨一天。

的確，在安老院生活，尤其是環境惡劣的私院，生活與等死好像劃上了等號。不同於津助院舍，由於香港私營安老院由市場主導，在長期供不應求下，即便質素惡劣的私院也大有市場。當然香港不是沒有質素理想的私院，但價錢也必定是意想不到的高，根本不是一般平民能夠負擔得來。私院即便經營不善、質素惡劣，政府也是「睜隻眼閉隻眼」，背後的悲哀在於政府根本處理不來如此龐大的安老院舍需求，導致惡性循環。看著不同安老院的報道，也不禁讓我感嘆：「嗯，住得好的話，院舍環境也適合作隔離；但要是院舍環境不佳，也有必須要離開院舍隔離這兩種不同的情況。」

香港安老院的質素就像社會貧富的懸殊程度，大家心中有數。

info.

安老小知識

香港安老服務概要

雖然在香港「家有一老」幾乎是必然，但大家又是否清楚香港有哪幾類提供長者支援的機構？長者有不同能力與不同需要，以下根據香港社會福利署網頁大致的分類（香港社會福利署，2019），談及幾個比較主要和大眾常見的長者服務：

一、**長者鄰舍中心**（Neighbourhood Elderly Centre - NEC）**與長者地區中心**（District Elderly Community Centre - DECC）

長者鄰舍中心與長者地區中心的主要受眾，都是認知及行動力良佳、居於社區的長者。NEC 是指以鄰舍層面，DECC 則指以地區層面，為長者提供社區支援服務，協助長者在社區生活，主以發展性活動（Developmental Activities）性質為主。兩種單位性質相似，不同之處在於 NEC 服務規模較小，亦沒有附設長者支援服務隊（長者地區中心（香港），2020，para. 1）。

二、**綜合家居照顧服務**（Integrated Home Care Services）

綜合家居照顧服務，即為通稱的「上門服務」，為體弱長者、殘疾人士及有特殊需要的家庭提供照顧。個案可分為普通個案與體弱個案兩種，而提供服務亦有分別，服務目的主要是讓受眾能繼續在社區生活（香港社會福利署安老服務科，2015）。

三、**長者日間護理中心**（Day Care Centres/Units for the Elderly - DCC）

長者日間護理中心主要為認知及行動力屬中度或嚴重缺損的長者（包括認知障礙症長者）提供日間照顧及支援服務，協助他們保持活動能力、發展潛能、改善生活質素。由於服務對象仍居於社區，但已失去部分自理能力，需要某程度生活照顧，故 DCC 亦會提供膳食；活動除康樂性質外，亦會有治療性質，某些機構亦會聘用不同治療師，進行復康活動。DCC 亦會提供護老者支援（香港社會福利署安老服務科，2015）。

DCC 服務對象的能力與安老院院友已經相差不遠，關鍵在於是否需要長期臥床罷了。

四、**護理安老院**（Care and Attention Homes for the Elderly – C & A Home）

護理安老院為健康欠佳、身體殘疾、認知能力欠佳，以及在安老服務統一評估機制下被評為中度缺損而未能自我照顧起居、但在精神上仍適合群體生活的長者，提供住宿照顧、膳食、起居照顧及有限度的護理服務（香港社會福利署安老服務科，2018）。

這一批長者需要一定程度的生活照顧。在安老院的生活，除康樂性質外亦會有治療性質活動，最基本需要有物理治療與職業治療，但聘用方式，例如全職、兼職或外聘等，則根據院舍人數所獲資助額而有所不同（香港立法會人力事務委員會及福利事務委員會資料文件，2013）。而由於部分護理安老院宿位會由合約院舍或私營安老院提供，這也造成質素參差不齊的原因。

乍看之下，香港安老服務似乎還算多元化，起碼能照顧到不同長者的需要，但實際上現時的安老服務需求已是僧多粥少，加上未來社會高齡化的挑戰下，上述服務到底是否足夠？我們又有沒有可能更早地、更根本地，不僅在服務上，更是在公民教育或思想上，為年老作出準備？

參考資料

香港社會福利署（2019）。《安老服務》。香港：社會福利署。
取自：https://www.swd.gov.hk/tc/index/site_pubsvc/page_elderly/

長者地區中心 (香港). (2020, February 10). Retrieved from 維基百科，自由的百科全書：https://zh.wikipedia.org/w/index.php?title=%E9%95%B7%E8%80%85%E5%9C%B0%E5%8D%80%E4%B8%AD%E5%BF%83_(%E9%A6%99%E6%B8%AF)&oldid=58083833

香港社會福利署安老服務科（2015）。《綜合家居照顧服務》。香港：社會福利署。
取自：https://www.swd.gov.hk/doc/elderly/IHCS%20(Nov%202015).pdf

香港社會福利署安老服務科（2015）。《長者日間中心／買位》。香港：社會福利署。
取自：https://www.swd.gov.hk/doc/elderly/DCC%20(Nov%202015).pdf

香港社會福利署安老服務科（2018）。《護理安老院》。香港：社會福利署。
取自：https://www.swd.gov.hk/storage/asset/section/628/tc/C&A_Home_Leaflet.pdf

香港立法會人力事務委員會及福利事務委員會資料文件（2013）。《安老院舍的人手情況》。香港：立法會。
取自：https://www.legco.gov.hk/yr12-13/chinese/panels/ws/papers/mpws0219cb2-632-1-c.pdf

第二章

老去的品質

到底在香港長命百歲是祝福還是詛咒，我自己也說不清。難道安老院一定是長者的歸宿嗎？我接觸的大部分長者，都是心不甘情不願下住進院舍。誰想離開居住了數十年的老家，到一個充滿陌生人、做甚麼也被管著的地方終老？居家安老，才是大部分長者心中的真正夢想。

如何才能避免進入安老院？我認為其中一關鍵在於有沒有失能——失能，或稱身心障礙，泛指因先天或中途發生身體或心理損傷，導致個人在社會生活方面不能充分使用自己能力的狀態（身心障礙，2020，para. 1）。若果只是老去而沒有失能，長壽是一件挺值得高興的事，所以老從來不是問題，失能才是問題。

遺憾的是，現時住在安老院的長者要回復以往的自理能力幾近不可能；住進院舍後，由於各方面都有人幫助照顧，日常自理能力漸漸衰弱，簡單如煮飯、梳洗、摺衫、如廁等都會忘掉。延遲長者失能，才是解決長者自身及安老帶來種種社會問題的方法。

在這一章，我們會先了解讓長者聞之色變的各種常見病症，也會反思是誰偷走他們僅有的自理能力，成為失能的幫凶。我們會同時探討長者生與死的品質，最後也談談百歲老人的快樂與哀愁。面對長者失能問題，我們動輒就以住進院舍解決，真的能對症下藥嗎？又有沒有可能，在長者落得如此衰弱之前，做到預防勝於治療？這是不論照顧者也好，前線安老工作人員也好，甚至任何一位家中有長者的人也能夠思考、亦必須思考的課題。

參考資料

身心障礙。(2020, November 14). Retrieved from 維基百科，自由的百科全書。

五大常見老年病症

有人八九十歲仍健步如飛、能獨力打理個人生活，但亦有五六十歲者已出現嚴重退化疾病、毫無生活品質可言。年老並不可怕，退化失能才最可怕。到底長者最常患上甚麼病症？這些病症有何徵狀？照顧病患或失能的長者，是怎麼的一回事？

一、**腦退化症**（Dementia）

腦退化症，又稱認知障礙症、失智症（前稱老人癡呆症），是一種常見於老人的腦部疾病。腦退化症會導致思考與記憶力逐漸退化，令個人日常生活功能受到影響，常見症狀包括情緒問題、語言問題、行動力降低等。最常見的腦退化症類型是阿茲海默症（Alzheimer's Dementia），佔所有腦退化症患者 50 至 70%；其次是血管型腦退化症（Vascular Dementia）、路易氏體腦退化症（Dementia With Lewy Bodies）及額顳葉型（Frontotemporal Lobar Degeneration）腦退化症（香港認知障礙症協會，2019）。

面對腦退化症患者可說是安老院照顧員的日常。單因腦退化症所致的思考力及記憶力退化，已足以影響患者的日常生活。面對此病症，維持現有能力是重要的一環，原則是「懂得的讓他做，不記得的嘗試教，已忘記的不要鬧」。「懂得的讓他做」，對維持病者自主性與尊嚴十分重要，切勿以他們做得太慢為由而代勞；「不記得的嘗試教」，簡單如上完廁所要擦屁股、蓋廁板再沖廁都要教；「已忘記的不要鬧」，若他們真的忘記了其實責鬧也於事無補，患者自己也無能為力。

二、腦退化症精神行為症狀與日落症候群（Behavioral and Psychological Symptoms of Dementia - BPSD）

腦退化症精神行為症狀是指在患者身上出現的感覺、想法、情緒或行為異常（黃惠琪、黃宗正，2012）。它會造成病人與照顧者的困擾，常見症狀包括自我疏離、食慾改變、思維異常、容易焦慮或情緒激動，其他可包括作出攻擊性或重複性動作、叫喊、遊蕩、抑鬱、多疑和失眠，甚至妄想（Delusion）、譫妄（Delirium）症狀（賽馬會耆智園，n. d.）。

日落症候群則指腦退化症患者在晚上的 BPSD 情況會更為嚴重（家天使編輯團隊，2018）。此病症成因仍然不明，但推斷是因環境昏暗改變而令患者思緒混亂，或患者本身的生理時鐘混亂所致（阿茲海默洛杉磯，n. d.；東華三院社會服務科，n. d.）。

摯親不認得自己固然傷心，但性情大變才是對照顧者而言最難受之處。面對 BPSD，我的原則是「不用辯解，盡量接受；盡人事聽天命」。甚麼凌晨兩點起床煮飯、在家吵著要回家、把食物扔進浴缸中洗、在街上執垃圾、玩屎、懷疑家人偷東西……這時，請抱持「不用辯解，盡量接受」的原則。在家吵著要回家，就哄說帶他回家，跟他上街逛兩個圈分散注意力；做他們喜歡做的事，維持生活興趣，例如聽歌、飲茶、看報等，持續與外界接觸絕對是維持認知社交功能的重要法門。腦退化症患者有自己一套思想機制，只要不嚴重打擾生活，照顧者不要妄想能改變這套機制。

「盡人事聽天命」，則指有甚麼方法都盡量做。暫時而言，腦退化症與柏金遜症均是不治之症，除定時服用西藥以外，非藥物治療在減輕與延緩病徵中扮演重要角色，所以一家有職業治療、物理治療、言語治療或其他非藥物治療的照顧中心，對病者而言十分重要。照顧者亦能透過中心認識同行者，了解有效照顧方式，更重要是調整照顧者對病者的期望。

三、柏金遜症（Parkinson's Disease）

柏金遜症是長者族群中一種較常見的神經系統疾病，平均病發年齡在六十至七十歲之間。目前所知是由於腦內部分神經系統功能受損，引致多巴胺神經傳導物質減少，徵狀包括震顫、動作緩慢、關節僵硬以及面無表情、步履及語調出現變化等（衛生署長者健康服務網站，2020）。

柏金遜症中後期患者的運動神經、自主神經及腦幹細胞亦同樣會受到影響，出現精神狀態轉差、幻覺、日夜顛倒或抑鬱症徵狀；夜間睡眠質素變差，日間則打瞌睡；發噩夢、睡覺時手舞足蹈。部分病人可能同時出現腦退化症徵狀，患者記憶力減退、說話口齒不清，稱為「柏金遜症老人痴呆症」(Parkinson's Disease Dementia)（香港腦科及老人科中心，2017）。

相比起較為人熟悉的腦退化症，柏金遜症是較少人了解的疾病。我會這樣比喻：如腦退化症患者是記憶體容量變少的電腦，柏金遜症則是輸出有問題的電腦，但其輸入與分析功能未必有問題，以致他們更了解自己的身心變化，變相看著自己情況愈來愈差，而這是相當殘忍的事情。

四、抑鬱症（Depression）

抑鬱症是不只會發生在長者身上的情緒障礙，患者會有持續性的悲傷情緒，這種情緒可能因生活各個問題引發。患者腦細胞中的神經傳遞物質因失去平衡而產生抑鬱徵狀，一旦病發，患者未必能靠自己看開一點便可以痊癒。他們需要透過藥物把神經傳遞物質的失衡調理好才可康復。除藥物治療，心理治療亦是治療抑鬱症的其中一種方法。

現時全港大約有7%長者患有抑鬱症。老年抑鬱症嚴重之處是它與自殺有密切關係。根據香港撒瑪利亞防止自殺會統計，二零一九年死因裁判法庭報告指共有九百九十三宗自殺死亡個案；六十歲以上自殺死亡個案共有三百七十九宗，佔總自殺死亡數字38.17%（香港撒瑪利亞防止自殺會，2020）。香港大學自殺研究及預防中心總監葉兆輝曾於跨專業研究報告指出，自殺念頭或嘗試自殺的行為與抑鬱和患病有莫大關係（葉兆輝、齊鉉、趙鳳琴，1999）。

在安老院中，有情緒病病史或時常情緒低落的長者可不少，除因身體衰退外，我接觸過的個案多是由於這個年代的長者在人生大部分時間為家庭或社會貢獻而喪失自我，沒有培養個人興趣，致使老來失去自娛能力。空閒時間過多，容易鑽牛角尖，結果愈想愈覺得自己慘。若安老院可恆常安排活動給長者固然好，但事實上卻未能做到；長者在院舍中，更大可能只停留在滿足基本生理需要，不難理解長久下去會情緒低落。

五、中風（Stroke）

中風是由於腦血管出現問題，致使腦細胞失去血液、氧氣和養分供應，最終令腦細胞受損或死亡，繼而影響到該部分腦細胞所控制的功能，例如活動及語言機能，妨礙患者的自我照顧能力。中風主要分為兩類：出血性中風，俗稱「爆血管」，由於高血壓或腦血管疾病，例如腦血管腫瘤而導致腦血管破裂；缺血性中風則因腦血管硬化導致血管狹窄及閉塞，或因血凝塊流到腦血管造成閉塞（衛生署長者健康服務網站，2020）。

中風是僅次上述眾多病症中，對患者身心影響較大的病症，故納入本文介紹。

長者往往因中風喪失手腳活動能力或語言能力，而且中風有機會多次出現。可幸的是若發現得早及配合適當治療，現時中風後的復原程度已較以往為高。

白內障、聽力退化、三高、心臟病、癌症等均是長者常見長期疾患，在此不贅。

即便各個長者、不同病症嚴重情況不一，一對一貼身照顧基本上已是必須。由日常起居到各種訓練，照顧者是否盡責也成為患者能否繼續維持良好生活品質的關鍵，但很多時照顧者並不知道自己的角色如此重要，更多時考慮的是照顧工作要夠效率（或是因為長者數目太多）、處理好就有時間做其他事情……結果失能長者缺乏機會鍛練相關能力，退化速度更快，令人婉惜。

家中有長者的朋友不妨自問，之前有了解過這些事情嗎？長者有可能遇到的身心病症、需要與問題，遠比我們想像的繁多與複雜，但社會對長者及其常見病症了解程度仍不足。每當長者出現怪異行為，最後成為網絡熱話之餘，更被貼上「癡線」

標籤，照顧者亦被批評；我們的社會，又是否是一個傷殘友善或長者友善的社會？

在大學，老人學亦非甚麼熱門科目；修畢老人學於社會甚至同行人眼中都只是非專業學科，比不上針對具特殊需要照顧（Special Education Needs，簡稱SEN）學童來得專業，就業前景更無法相提並論。這種社會風氣及教育配套，又可否培育出優秀的護老人才？這都值得我們三思。

參考資料

香港認知障礙症協會（2019）。《什麼是認知障礙症》。香港認知障礙症協會。取自 https://www.hkada.org.hk/types-of-dementia

黃惠琪、黃宗正（2012）。〈阿茲海默症精神行為症狀的藥物治療〉。《台灣醫學》，16(4)，382-389。取自 http://lawdata.com.tw/tw/detail.aspx?no=183199

賽馬會耆智園（n. d.）。《行為問題》。賽馬會耆智園。取自 https://www.jccpa.org.hk/tc/facts_on_dementia/caring_tips/behaviour_problem/index.html

家天使編輯團隊（2018）。《如何預防失智症長輩黃昏時發生「日落症候群」？》。家天使。取自 https://ghsha.com/articles/52

阿茲海默洛杉磯（n. d.）。日落症候群 (Sundowning)。阿茲海默洛杉磯。取自 https://www.alzheimersla.org/chinese/sundowning/

東華三院社會服務科。《日落症候群》。東華三院社會服務科。取自 https://acsc.tungwahcsd.org/file/tips/pdf/530ec1bfd61f0.pdf

參考資料

衛生署長者健康服務網站（2020）。《認識柏金遜症》。香港特別行政區政府。取自 https://www.elderly.gov.hk/tc_chi/common_health_problems/others/parkinsonism.html

香港腦科及老人科中心（2017）。《柏金遜症》。香港腦科及老人科中心。取自 http://www.drchungchunpong.com/hk/disease-knowledge/neurology/parkinson-s-disease

衛生署長者健康服務網站（2020）。《中風》。香港特別行政區政府。取自
https://www.elderly.gov.hk/tc_chi/common_health_problems/stroke/stroke.html

香港撒瑪利亞防止自殺會網站（2020）。《香港撒瑪利亞防止自殺會 2019-2020 年報》。取自 https://sbhk.org.hk/images/small/2019%20annual%20report%20pdf.pdf

葉兆輝、齊銥、趙鳳琴（1999）。《香港長者自殺成因的跨專業研究》報告摘要。摘自 https://www.lwb.gov.hk/files/download/committees/ec/HEALTHY/D03-02c-Annex.PDF
取自：https://www.legco.gov.hk/yr12-13/chinese/panels/ws/papers/mpws0219cb2-632-1-c.pdf

被過度照顧的老小孩

作為前線安老服務一員，有時真會覺得自己面對的是一班小孩子。事實上長者在不少層面與小孩的特質頗為相近，例如有不少長者（無論有沒有認知問題也好）都很喜歡玩嬰兒娃娃或布偶，更會將嬰兒娃娃當自己兒女般「湊」，摟得實實的，不能讓別人拿走。又例如腦退化症患者，他們的認知能力就像回到小學生甚至幼稚園生程度，令不少人將兩者的應對方式也混淆了，到底如哄小朋友般對待長者有沒有問題？

好些較有耐性的人當面對長者時，都會說「你聽話啦」，甚至用上疊字：「你乖乖地坐低，等我幫你」；但其實長者的認知能力即使退化了，心靈上也不是小朋友。他們有自己的思維與尊嚴，需要別人給予長輩應有的尊重感，所以當大家有機會到安老院探訪時，活動設計與表達上也需注意這一點——他們並不是小朋友，而是能力如小朋友的大人。

曾經有一位九十多歲的婆婆向我說過一件事，讓我印象猶深。她說：「我閒時喜歡填顏色，但如果有人叫我填幼稚園那種生果、車子，我真的做不到，也不喜歡。我不是小孩子，不應該拿這些來敷衍我。」當然對待腦退化症患者是另一回事，但如長者認知能力正常，謹記絕不能以兒童向的對待方式唬弄過去。長者原本就比較「玻璃心」，容易因此覺得不被尊重了。

被「偷走」的自理能力

另一方面，在照顧長者時應記住一個原則，就是讓他們自己做能做的事。例如不要推能夠自己驅動輪椅的長者，因為他們能力上做得到，就應該讓他們做。這不僅在於維持個人能力，更能讓他們覺得自己有用，能做到些事情。

有不少照顧者為怕麻煩就禁不住出手協助，例如長者能自己拿起碗筷吃飯，只是用餐時間會較長，於是照顧者因餵食比較有效率也不易弄髒而代勞，最後長者連拿碗筷吃飯的能力也失去。這種惡性循環恐怕在很多地方日夜上演吧？學術角度而言，我們應該為長者「賦權」（Empower），讓長者重新參與他們的人生，例如吃飯是他們的人生問題而非別人的責任，否則長者失去自主能力之餘，也失去活動能力。反正他們做或不做都總有他人幫忙，那為甚麼還要做？更加認定自己是「廢人一個」。

照顧者固然日夜辛勞，但也不要忘記付出的一切都是為了讓被照顧者過上具品質的生活。如照顧者能在日常小事上多注意，賦予多一點尊重和自由，對長者而言已十分重要了。

祝你老去快樂

二零二零年，百年難得一見的全球性疫情來襲，香港在疫情初期幾近停擺，瘋搶口罩、天天留在家中不能出外，心情難免鬱悶。即便大家因著自我隔離而減低染病機會，但對精神健康卻造成了相當壓力。雖然身體無礙，但不能外出、進行正常社交，也致精神萎靡。

把話題回到長者上。我們一般會認為長者身體健康就夠，很少會關注他們是否活得愉快。根據浸信會愛群社會服務處於二零一七至一八年度《社區長者情緒健康調查》，顯示約一成受訪長者具抑鬱症狀（社區長者情緒健康調查，2018）。長者與長期病患者須面對甚麼精神健康問題？我們社會對此的取態又是如何？

身為長者，我想說的是……

我們不妨代入一位長者的角色，聽聽他們內心真正的聲音。

你是一位患有早期柏金遜症的八十五歲老先生，因身體孱弱而長期坐輪椅，也有大小便失禁的問題，需要枕邊人每天照顧三餐與梳洗護理。看著對方滿臉皺紋、微彎的腰，吃力地扶自己到這到那；你每次見到都心痛，但身體卻支持不住。

患病後，你就是站不穩，女兒與孫兒商量過後決定請看護照顧。每次換片你也覺得羞愧——自己的私處被人抹來抹去、洗澡時被人看光，多沒有尊嚴呀。無論重複多少次，也不能習慣。

每逢吃東西時，手總是止不住的震抖，把糊餐弄得滿檯；提起那些糊，色香味俱無，只是一碗像漿糊的爛飯。看護一口一口的餵，可有想過誰會想吃這種東西？

你好想自己上廁所、自己吃飯、自己上床睡，就此而已，這些願望真的何等卑微，但身體卻不由自主。當初在家就是因為想嘗試自己上床，結果腿一軟，就在床邊跌倒，從此以後，輪椅上就多上一條討厭的安全帶。

不同病症下的故事細節或許有不同，但在香港社會都只是冰山一角，還未加入土地問題、身邊人逝世、長期服藥就醫、經濟壓力、家庭不睦等其他因素。長者在年老過程中面對各種身心挑戰，身體不僅益發衰弱，每天的貼身照顧也令他們失去尊嚴與私人空間。眼看身邊人照顧得吃力，自己又無能為力。長期服藥令長者承受不同副作用，同時連自己甚麼病吃甚麼藥也開始混亂起來。這些情況是日復一日，直至魂歸天國而止。

中國人有句話叫「推己及人」。只要我們願意代入他們的情況，就會明白他們為何抑鬱，因為香港長者的生活品質很難稱得上理想。在香港，坊間較常討論的是長者自殺的問題，但根源不正是生活品質低下嗎？難道我們的標準只是單單要他們生存嗎？延續一段毫無生活品質的生命，在道德上又是否正確？

長者身體會不斷衰弱是不爭事實，無人可以違抗自然，但在如此限制下，社會又有沒有想過聆聽長者內心真正的聲音？

心靈照顧不足　影響長者生活品質

不得不承認的是，這個社會不僅對長者的精神健康問題置之不顧，對於輔助角色的定位亦有所混淆，請容我在此稍作釐清：在安老服務裡，社工普遍較重於個案管理與尋求外在社會資源等，雖然他們在培訓過程中會涉獵輔導技巧，但並非專於心理學或疏解情緒問題。社工在自身專業培訓中有可能專於此範疇，但並非必然。而輔導員及心理治療師則專於心理輔導，處理情緒與心理問題範疇，例如表達藝術治療師擅以藝術方式引導案主表達個人感受。

遺憾的是，官方並未接納這些行業在安老服務範疇上的正規性，亦未有在恆常編制中出現；不論在政府資源上，抑或大眾的觀感，都感受到社會對精神健康的忽視。或許有人會問：「長者的年老衰殘乃自然過程，他們的生活品質本來就是會一直下降，又有甚麼辦法呢？」其實人類作為萬物之靈，對於生存以外的事均有欲求；我們希望發展自己潛能、設法提高生活品質，長者也不例外。生活品質談的除身心健康外，與社會及環境均有密切關係，而這些因素有機會以人為控制與改變。以上面長者故事為例，若長者能進食較美味的軟餐、擁有一隻防手震湯匙，不就已提高其生活品質嗎？若長者能在生活限制內發掘個人興趣，例如高錕在認知障礙症晚期時仍可畫畫，不就是讓他從生活中獲得愉快的途徑嗎？

諷刺的是，香港這片土地好像從來都不著重這些，在高舉資本主義社會的旗幟底下，我們任憑社會中某部分人僅僅維持生存的狀態就足夠。

因疫症與社會運動之故，近年大眾日益關注精神健康問題。此實為好事，但始終未出現有系統與實際行動配合的公眾教育。若政府不牽頭進行恰當的資源分配，重視精神健康與生活品質對社會的影響，在政策上作出配合，作為一個小市民的力量是很微弱的，能做的事情也不多了。

參考資料

浸信會愛群社會服務處（2018）。社區長者情緒健康調查。取自 https://www.bokss.org.hk/content/press/46/201718%20%E7%A4%BE%E5%8D%80%E9%95%B7%E8%80%85%E6%83%85%E7%B7%92%E5%81%A5%E5%BA%B7%E8%AA%BF%E6%9F%A5%EF%BC%8D%E5%A0%B1%E5%91%8A%E6%91%98%E8%A6%81%20Final.pdf

這樣的一百歲，值得羨慕嗎？

下午時分，我前往療養樓層，準備在半小時內為三位長者做評估。

一般而言，安老院都會把長者按能力分類，安排在不同的樓層居住，不僅在照顧上更方便，身心能力較佳的長者也能聚在一起，更容易建立社交圈。

療養樓層總是安安靜靜。我走進其中一間房，傳來的是節奏平穩的機器運作聲音。「言婆婆……」

在床上是一位接近一百歲的婆婆，如蝦米一般蜷縮在床上。她已經插喉近十年，「十年如一日」套用在言婆婆身上最合適不過——基於腦退化症，她除了失去語言及溝通能力，也因為活動能力退化而需要長久臥床，吊著營養液以維持生命，直至死去。

這樣的一百歲，到底值得羨慕嗎？

在這個階段上，坦白說旁人可以做的已經不多。行動困難的長者尚可在別人協助下坐上輪椅送到治療室，進行有限度的感官刺激活動，但插喉長者基本上不能離床，更別說接受治療和進行活動。縱是如此，評估仍是要做，報告仍是要寫……

對於外間刺激零反應

我走到床前，輕聲在她耳邊叫喊：「言婆婆……言婆婆……」無反應。幸運的話，可能會聽到一兩聲「啊」，但這次是完全無反應。

我拿出較刺耳的手搖鈴，在她耳際搖了搖。無反應。

我又掏出幾種不同質感的紙材與布料，還有泥膠觸碰言婆婆的手。無反應。她的眼睛從頭到尾都沒有睜開過。外國研究指出，在這階段上音樂仍能發揮一定作用，刺激腦部神經（前題是長者還未完全聾掉的話）；嗅覺如香薰治療或觸感治療，仍是一些能給予長者的刺激。

話是這樣說，事實是到此階段者，能給予的反應也不多了。

到底是睡著了，還是真的沒有反應？

我嘆了口氣，結束評估。另外兩位長者，一位剛巧有家人來訪，另一位正在進行護理，所以不便打擾。

在香港這個繁華得很的都市中，我不得不承認，社會已徹徹底底地遺棄了他們。這樣的生存，仍是生存嗎？這仍是生命嗎？似乎院外的雀鳥都比他們有生命力。但這樣的情況在療養樓層，可是一種常態。將心比己，若果這是你生命的終局，你願意嗎？

死前的品質

壽婆婆已經九十八歲，患有中度認知障礙症，忘記了如何說廣東話，只能以家鄉的普通話與人溝通。她活潑得很，很喜歡唱歌，特別是《兩隻老虎》，常常反覆頌唱。

壽婆婆早前入院住了好一陣子，出院後需要我重新進行評估。這天再見到她時，我卻受了不小衝擊。

她躺在床上輕聲埋怨著，盡她所能不斷晃動那雙很短、很短的腿——她大腿以下的部分都不見了。翻查文件，她因糖尿病而進行截肢手術了。

我不知所措地佇立在她的床邊，拍她的肩頭，用普通話說：「壽婆婆，姑娘來看你呀！」她痛苦地呻吟著，那雙短腿卻異常活躍地揮舞著，看得我格外心痛。「記得你最喜愛唱歌嗎？兩隻老虎，兩隻老虎……」可幸的是壽婆婆還有些反應，斷斷續續的跟著我唱：「跑得快，跑得快……」但細思極恐的卻是既然她尚有合理反應，不就代表著她知道也感受到自己失去雙腿了嗎？九十八歲的她有必要經歷截肢的痛苦嗎？我並非要否認西方醫療的好處，但各種延命治療真是以病人的首要利益為依歸嗎？我們都關注 Quality of Life，但 Quality of Death 呢？

雖然我並不知道截肢的決定由誰下，但即便是醫生也好，家人也好，我實在無法評論這決定對長者而言是否利多於弊。從事安老前線工作，我見盡各種毫無生活品質、每天等死的長者，一部分插喉長達十載，以營養液一點一滴維持僅有的生命體徵；一部分截手截腳，手術過後的痛楚讓他們生不如死。這樣的生命，還算是生命嗎？

現時家人不得探訪，完成評估後我黯然離開房間，遺下壽婆婆一人，還在不甘心似的揮著那僅餘的雙腿⋯⋯

後記：此文完成之時，壽婆婆已經歸天，但我仍為她在生命的最後旅程中，要經歷這種失去雙腿的痛楚而感到無奈又難過。延命治療難道只是為生命再加重折磨嗎？

長命百歲的詛咒

從前「人生七十古來稀」，七十歲已是十分稀有；據BBC報道指出，「一八四一年，女性平均壽命為四十二歲，男性為四十歲。至二零一六年，女性平均壽命有望達八十三歲，而男性則大約七十九歲」（阿曼達．魯傑裹，2018）。中國人往往認為長壽就是福氣，農曆新年也會祝長輩「長命百歲」，但到底真正的長命百歲是一個甚麼概念？

以我工作的地方為例，百歲老人比比皆是，行動如常的不是沒有，但行動不便、需要全天候照顧護理、意識不清的佔大多數。其實踏入一百歲，十之八九認知功能都已經退化，不懂表達者多的是，即使懂說話的來來去去也只有那一兩句——當然也有例外，不過例外的那一位不是無法走路，就是長期插喉。

由於安老院基本上是「不弱不入」的，故我所見的百歲老人可能是最衰弱的百歲老人也說不定。曾經遇過一位已超百歲的院友，完全喪失表達認知能力，年屆六十歲的孫女每日風雨不改的前來餵飯。我不由得想，到底一個人的最後人生應當是如何？怎樣也好，都不應該是這個樣子。

接近百歲者也不好到哪裡去。有位九十八歲、患腦退化症的善婆婆，終日愁眉苦臉的扶著步行架在院舍走廊遊走（遊走是腦退化症其中一常見的精神行為症狀），口中唸唸有詞。若有人跟她說話，她就抓住別人的手說個不停。由於善婆婆有腦退化症，只記得鄉下話，所以基本上無人能聽得懂她講甚麼——只有在熱熱鬧鬧之時，她才變得愉快一點，所以我也有把她安排進活動小組中。現時在院中九字頭的長者為數不少，也有幾位尚算健康、行動自如、頭腦靈活的。不知道五六年之後，他們的情況會是如何？

百歲牌匾的諷刺

在香港，年滿百歲原來會收到一塊由香港政府頒發的百歲牌匾，大概是慶祝恭賀之意；不過事實是很多能得到百歲牌匾的長者已經沒有能力了解此事。每年我們的院舍都會舉行百歲壽宴，每位百歲長者都會拿著政府所頒發的百歲牌匾與每人一個的超大蛋糕來幅大合照，場面可謂十分震撼。

「我會長命百歲嗎？我又是否想長命百歲？」根據《香港01》於二零一八年的報道，日本厚生勞動省發表二零一七年度全球平均壽命報告，香港再次成為全球男女最長壽的地區，其中女性平均壽命87.66歲，男性平均則為81.7歲，力壓日本女性及瑞士男性，並列全球之首（鄧穎琳，2018），可見香港醫療能力真的十分頂尖。隨著醫療科技繼續發展，大家甚至有可能成為「百二歲老人」，但說到底，身體、精神均佳的長壽才值得羨慕吧。沒有質素的長壽，對人生而言只是一場折磨——這種折磨，不僅是對自身，也是對身邊的人。人總希望有生活目標，但及至百歲者，很多已純粹為生存而生存；這樣的話，生存的意義還在嗎？

我只能說，除非本身家境較富裕，否則港人的長壽大多是無質素可言的，那塊百歲牌匾也許只是「在這樣的地土，竟然還能生存下去」的笑話。這樣的百歲，謝謝，不了。

參考資料

阿曼達·魯傑裏（2018）。《我們是否真的比祖先更長壽》。BBC 英倫網。取自 https://www.bbc.com/ukchina/trad/vert-fut-46043724

鄧穎琳（2018）。《香港男女平均壽命創新高　力壓日本及瑞士　蟬聯全球最長壽首位》。香港 01。取自 https://www.hk01.com/%E7%A4%BE%E6%9C%83%E6%96%B0%E8%81%9E/213489/%E9%A6%99%E6%B8%AF%E7%94%B7%E5%A5%B3%E5%B9%B3%E5%9D%87%E5%A3%BD%E5%91%BD%E5%89%B5%E6%96%B0%E9%AB%98-%E5%8A%9B%E5%A3%93%E6%97%A5%E6%9C%AC%E5%8F%8A%E7%91%9E%E5%A3%AB-%E8%9F%AC%E8%81%AF%E5%85%A8%E7%90%83%E6%9C%80%E9%95%B7%E5%A3%BD%E9%A6%96%E4%BD%8D

第三章

安老的
夢想與現實

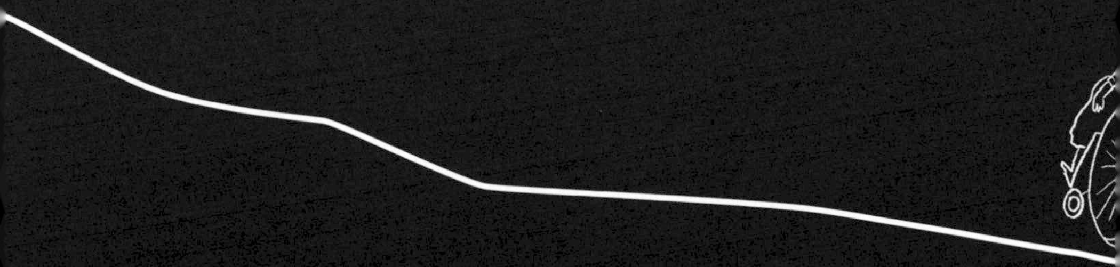

相比起更多人關注的動物權利，老人權利這個議題似乎不容易進入大眾輿論當中。動物還可能因為比較可愛而被廣泛討論，而針對老人的看法：「好煩」、「好悶」、「好廢」、「老人家乜都有，咁好照顧，還談甚麼權利？」……這些都是大眾從沒把老人權利帶到眼前的原因，但我倒覺得這個年代的長者其實比誰都不懂得自己擁有甚麼權利；因戰亂之故，他們一般教育程度低下，更不懂得為自己爭取福利。

聯合國早在一九八二年定出《聯合國老年人原則》，提倡五種權利，包括獨立自主權、充分照顧權、社會參與權、保障尊嚴權及自我充實權（吳衛東，2000），直至一九九一年通過了《聯合國老人綱領》，提及到老人權利包括的五個要點（中華民國監察院，2020）：

一、獨立

- 老人應有途徑能獲得食物、水、住屋、衣服、健康照顧、家庭及社區的支持、自助。
- 老人應有工作的機會。
- 老人在工作能力減退時，能夠參與決定退休的時間與步驟。
- 老人應有途徑獲得適當的教育及訓練。
- 老人應能居住在安全與適合的環境。
- 老人應盡可能長久的居住在家中。

二、參與
- 老人應能持續融合在社會中，參與相關福利的政策制定，並且與年輕世代分享知識與技能。
- 老人應能尋找機會來服務社區與擔任適合自己興趣及能力之志工。
- 老人應能組織老人的團體或行動。

三、照顧

- 老人應能獲得符合社會文化價值、來自家庭及社區的照顧與保護。
- 老人應有途徑獲得健康上的照顧，以維持身體、心理及情緒的水準，並預防疾病的發生。
- 老人應有途徑獲得社會與法律的服務，以增強其自治、保護與照顧。
- 老人應能夠在人性及尊嚴的環境中，適當利用機構提供的服務。
- 老人在任何居住、照顧與治療的處所，應能享有人權和基本自由，包含了對老人尊嚴、信仰、需求、隱私及決定其照顧與生活品質權利的重視。

四、自我實現

- 老人應能適當地追求充分發展的可能。
- 老人應有途徑獲得教育、文化、宗教、娛樂的社會資源。

五、尊嚴

- 老人能在尊嚴和安全感中生活，自由發展身心。

- 老人應不拘年齡、性別、種族、失能與否等狀況，都能被公平看待。

老人權利所牽涉的範疇眾多，本章節先由居家安老開始，思考長者獨立的可能性；從社區走到院舍，談約束、生死、紓緩科，以及長者安樂死與自殺。如無意外，總有一天我們都變老。這些權利，豈不也與我們每位息息相關嗎？

參考資料

吳衛東（2000）。〈老人權利被侵犯、敬老事工大憾事〉。《松柏之聲》。取自 http://www.thevoice.org.hk/v0278/00002.htm

中華民國監察院（2020）。《聯合國老人綱領》（中文版）。取自 https://www.cy.gov.tw/public/Data/0121514395371.pdf

居家安老，談何容易？

政府近年大力推廣「居家安老為本，院舍照顧為後援」的安老政策，鼓勵長者在家中安享晚年。居家安老的用意、想法均好，但實際上又是否可行？根據香港大學研究團隊向安老事務委員會提交的《安老院舍服務研究最後報告》（香港大學研究團隊，2009），本港年滿六十五歲長者的院舍入住率近 7%，明顯高於新加坡的 2.3%，也比堪稱「老人大國」日本的 3% 更高。事實上很多長者都不願入住安老院，但基於政策傾斜，一方面添加興建安老院的資金，另一方面又不為居家安老制訂長遠政策，令安老院往往成為生前的最後選擇。

居家安老的五項條件

要居家安老，要符合甚麼條件？以下列出一些必要的條件，包括：

一、衣食住行能自我照顧

- 長者認知能力尚可，能夠照顧自己和應付日常起居。

二、本身非照顧者

- 試想像你八十歲，另一半同樣是八十多歲卻患有多種長期慢性病，自己一方面體弱，另一方面還要花心力照顧老伴，單單是轉移、扶抱問題已難以應付，更要協助餵食、洗澡，怎會負擔得來？各種的輔助也會造成照顧者潛在的勞損問題，所以長者不同時成為照顧者亦是居家安老的必要條件。

三、充裕的經濟能力

- 如沒有專業人士的跟進與配合，長者的身體與認知能力很大機會在短期內大幅下跌，故此資源配合十分重要，當中以住屋配套為首要。無論如何長者都會退化衰弱，身邊人可以做的是在居家安老的前提下，盡量維持他們的生活品質。廣東俗話說：「八十歲，骨都脆」，長者跌倒的後果可以非常嚴重，所以當人愈老，家中所需的輔助設施就愈多，不論是扶手、輪椅、便椅，還是助行架，都要按長者情況作出安排。這些設計與配置，全部都需要有一定經濟能力才能負擔。

- 長者如體弱需要聘請傭人照料，亦可能需要專業護理人員全天候關注身心需要。坊間雖有不少非牟利機構提供服務，但永遠供不應求，當然亦要收費，更莫論私人機構的服務。一切一切都與金錢掛鉤，所以長者貧窮問題又與居家安老的可能性息息相關。

四、合理社交生活

- 長者在年老過程中會經歷不同挑戰，社交生活與維持生活與趣均是保持生活品質的重要一環。

- 子女或晚輩的陪伴，亦屬長者的社交生活之一。子女成長後會有個人生活甚或建立新的家庭，未必能時刻陪伴在長者的身邊，但假日去飲茶或抽時間相聚已能加強家庭連結關係和溝通機會。

五、加強社會對長者的接納程度

- 社會對於居家安老的準備又有多少？我們的社區硬件與心理準備上又足夠嗎？社區對長者病患的知識足夠嗎？能夠理解他們各種症狀問題並予以接納嗎？就這個層面而言，似乎香港社會仍未有足夠的準備。

從上述思考中我們可知居家安老並非單憑一己之力就能推動落實，當中也涉及一些結構性問題包括社會退休保障、社會資源配套等；若長者患上老人病如認知障礙症或柏金遜症等，居家安老已屬空想。香港的退休保障亦談不上全面，若果長者本身或家人的經濟拮据，安老院根本就是唯一選擇。於是政府高舉「居家安老」旗號十多年，仍然只聞樓梯響。試問政策與思維的抱殘守缺，真的能夠令社會面對未來龐大的長者族群需要？這實在是香港政府必須好好思考的問題。

參考資料

香港大學研究團隊（2009）。《就長者住宿照顧服務所進行的顧問研究—最後報告》。香港：安老事務委員會。取自：https://www.elderlycommission.gov.hk/cn/download/library/Residential%20Care%20Services%20-%20Final%20Report(chi).pdf

香港虐老事件簿

在香港，虐老問題一直存在。據政府的「虐待長者個案中央資料系統」記錄，單就二零二零年內就有四百六十九宗呈報個案。頭三位為：一、身體虐待，共三百三十一宗；二、精神虐待，共四十九宗；三、侵吞財產，共四十六宗。施虐者關係以長者配偶的比例居首位，佔總數61.8%；其後為兒子與家庭傭工，分別為12.4%及7.9%（香港社會福利署，2021）；而一般人較關心的安老院員工虐老數字，則佔0.9%，排行較低。

以下為近年香港較廣為人知的虐老事件：

二零一五年劍橋護老院露天「剝光豬」等洗澡

二零一五年，港九有多間安老院的集團式院舍劍橋護老院，其大埔運頭街院舍被多間傳媒揭發安排女院友於院舍露天平台脫衣服至全裸或半裸，等候推入浴室內洗澡。平台無遮掩，附近大廈的居民能清楚看見她們，長者尊嚴及心理同樣受創。劍橋護老院創辦人陸艾齡接受傳媒《東網》查詢時承認此事，其後發聲明為事件道歉。機構又言在調查事件後已即時解僱一名護理員及紀律處分部分職員。警方其後介入調查（東網新聞編輯部，2015；周雪君，2015）。

政府方面，社會福利署稱極度關注事件，指事件疑嚴重侵犯長者私隱並已展開調查，若證據充分會檢控，但《明報》其時發現社署過去五年共接獲十二宗就該院舍的投訴，突擊巡查九十六次並發出十五封警告信，卻從未檢控（明報編輯部，2015）。

事件中，劍橋護老院任職逾二十年的護理員張玉琼原準備於同年九月退休，但經傳媒報道事件後，即被院方以犯下嚴重錯失為由即時解僱，不獲發放代通知金、遣散費及長期服務金，成為事件中唯一被解僱的員工。事後張入稟勞資審裁處追討約十萬元款項（TNL香港編輯，2015）。二零一七年，傳媒再揭發該創辦人之院舍被社署「釘牌」後，以新投資者身份接手另一護老院（名為「森林護老院」），變相「借屍還魂」，僅一年間重掌營運權。據悉，社署批出該牌照後，分別曾就該院衞生、保存記錄及人手方面發出勸喻信及警告信（王家文，2017）。

二零一九年軍裝警醫院虐老案

二零一九年六月二十六日，兩名軍裝警員涉嫌於北區醫院以私刑虐打一名被拘留的六十二歲男子；事主兒子其後在立法會議員林卓廷協助下，於一九年八月下旬舉行記者會，公開涉事片段。

據《頭條日報》報道，「事主鍾先生在六月二十五日晚於上水因醉酒與人爭執，晚上十一時許被捕並送入北區醫院急症室。民主黨以合法方式取得的閉路電視片段，顯示事主當時四肢被綁在病床上，兩名軍裝警員多次虐打事主，包括用事主上衣塞口鼻、重擊事主下體、掌摑事主、用警棍塞下體、打臉、以電筒近距離照射事主眼睛、拔事主腳毛、又強行脫下事主的褲子，更強行拗斷事主的右手無名指一截。期間事主不甘受辱，曾一度用頭撼向床邊尋死，情況持續二十多分鐘。」（頭條日報，2019）

由於當時正處於反送中運動時期，警民關係劍拔弩張，故事件被傳媒報道後，引起坊間不少迴響。香港公共醫療醫生協會及前線醫生聯盟亦於八月二十一日發表聲明，提到這種警民不信任的氣氛已為醫護與警方的合作關係、病人對醫院的信任帶來嚴峻挑戰（香港01，2019）。

現時香港並沒有針對虐老個案制定相關法例。不過社署在《處理虐老個案程序指引》中，列出處理與虐老相關個案的法例，讓不同專業人士在處理懷疑虐待長者個案時有較統一的定義及清晰的程序指引。此指引於二零一九年十一月進行最新修訂（香港社會福利署，2019）；然而，就精神虐待、疏忽照顧及遺棄長者情況，則未有特定法例處理。

至於安老院舍，現時雖有法例規管院舍組織與架構（相關條例可參考香港法例第四百五十九章《安老院條例》及第一百六十五章《醫院、護養院及留產院註冊條例》），但這些法例並不旨在保護長者免受虐待（香港大學社區法網，2013-2018）。

參考資料

香港社會福利署（2021）。〈虐待長者個案中央資料系統：虐待長者個案統計數字〉。香港：香港社會福利署。取自 https://www.swd.gov.hk/tc/index/site_pubsvc/page_elderly/sub_csselderly/id_serabuseelder/

東網新聞編輯部（2015 年 5 月 26 日）。劍橋護老院承認安排婆婆露天脫光等沖涼。《東網新聞》。取自 https://hk.on.cc/hk/bkn/cnt/news/20150526/bkn-20150526152857104-0526_00822_001.html

TNL 香港編輯（2015 年 8 月 21 日）。劍橋護老院指長者露台脫光等洗澡：「運作多年，一路都冇事」。《關鍵評論網》。取自 https://www.thenewslens.com/article/23046

周雪君（2015 年 5 月 27 日）。劍橋護老院涉惡待老人家事件重案組跟進。《關鍵評論網》。取自 https://www.thenewslens.com/article/17437

王家文（2017 年 10 月 26 日）。護老院長者剝光豬等沖涼、劍橋創辦人借屍還魂一年復掌權。《香港蘋果日報》。取自 https://hk.news.appledaily.com/local/realtime/article/20171026/57381364

參考資料

明報編輯部（2015 年 5 月 26 日）。劍橋護老院長者遭脫光露天等冲涼、社署巡近百次零檢控。《明報》。取自 https://news.mingpao.com/ins/%E6%B8%AF%E8%81%9E/article/20150526/s00001/1432597531482/%E3%80%90%E9%A0%AD%E6%A2%9D%E3%80%91(%E7%9F%AD%E7%89%87)%E5%8A%8D%E6%A9%8B%E8%AD%B7%E8%80%81%E9%99%A2%E9%95%B7%E8%80%85%E9%81%AD%E8%84%AB%E5%85%89%E9%9C%B2%E5%A4%A9%E7%AD%89%E5%86%B2%E6%B6%BC-%E7%A4%BE%E7%BD%B2%E5%B7%A1%E8%BF%91%E7%99%BE%E6%AC%A1%E9%9B%B6%E6%AA%A2%E6%8E%A7

頭條日報編輯部（2019 年 8 月 20 日）。兩軍裝警察涉虐打 62 歲老翁 上衣塞口鼻強行除褲重擊下體。《頭條日報》。取自 https://hd.stheadline.com/news/realtime/hk/1571893/%E5%8D%B3%E6%99%82-%E6%B8%AF%E8%81%9E-2%E8%BB%8D%E8%A3%9D%E8%AD%A6%E5%AF%9F%E6%B6%89%E8%99%90%E6%89%9362%E6%AD%B2%E8%80%81%E7%BF%81-%E4%B8%8A%E8%A1%A3%E5%A1%9E%E5%8F%A3%E9%BC%BB%E5%BC%B7%E8%A1%8C%E9%99%A4%E8%A4%B2%E9%87%8D%E6%93%8A%E4%B8%8B%E9%AB%94

林劍（2019 年 8 月 21 日）。警涉私刑虐老、兩醫生組織批破壞醫警互信、促檢討被捕者留醫安排。《香港 01》。取自 https://www.hk01.com/%E7%A4%BE%E6%9C%83%E6%96%B0%E8%81%9E/366348/%E8%AD%A6%E6%B6%89%E7%A7%81%E5%88%91%E8%99%90%E8%80%81-%E5%85%A9%E9%86%AB%E7%94%9F%E7%B5%84%E7%B9%94%E6%89%B9%E7%A0%B4%E5%A3%9E%E9%86

香港社會福利署（2019）。〈預防及處理虐待長者服務〉。香港：香港社會福利署。取自 https://www.swd.gov.hk/tc/index/site_pubsvc/page_elderly/sub_csselderly/id_serabuseeld

香港大學社區法網（2013-2018）。〈虐老〉。香港：香港大學社區法網。取自 https://s100.hk/tc/topics/Health-and-care/Elder-Abuse/Legislation/

虐老的深層次因由

照顧長者從來不容易，故虐老問題不僅在香港出現，亦是高齡社會中、全球化的社會問題，但，每個地方的社會問題也總有其社會特色。香港的話，最常聽到的是安老院質素良莠不齊，當中就以二零一五年劍橋護老院露天「剝光豬」等洗澡最為大眾所知，而家傭、照顧者虐老事件亦時有發生。香港的虐老問題，其實根源在哪？

當社會普遍認為虐老多發生於安老院，實際數據卻顯示並非如此。相比起家居虐老，安老院員工虐老的個案明顯佔少數，所以我們先由家居虐老的問題開始思考，明明是親人、家人，為何會淪落至虐老？

華人文化的孝道之禍？

與西方文化強調獨立自主的思維不同，華人文化中的家庭連結感較強。普遍人認為在孝道原則下，子女有必要承擔起照顧父母、供養終老的責任；為人子女者若不照顧父母，輕易被扣上不孝的標籤，但「相見好同住難」，與長者相處本來就是一門藝術，而照顧失能長者更遠比我們想像中困難；同時家醜不出外傳的觀念又令照顧者與被照顧的長者傾向不向外間尋求協助。日積月累下，彼此難免有各種不滿，再加上香港土地問題，幾代人同一屋簷下的情況普遍，居住空間狹小令磨擦倍增、為芝麻綠豆小事爭吵至一發不可收拾。這種華人文化的「牽絆」，到底是愛還是責任？是好是壞？

與長者相處的藝術

與長者相處是一門藝術。長者在失能下，生活起居要他人輔助已夠煩，再加上照顧者沒耐性又不懂得相處技巧，就煩上加煩。與長者相處需以知識作基礎去承托這種關係——若不夠理解長者思維或行為模式就會容易產生煩厭感，因為他們總會出現一堆正常人不會出現的問題。若子女或照顧者缺乏知識、理解、同理心與愛心，就容易構成衝突。

話雖如此，事實上很多照顧者甚至從事安老服務的員工對長者身心狀態變化根本毫無認識，面對長者怪異行為，一味認為他們精神有問題，想限制他們的行為諸如此類的態度應對，自然加劇虐老問題。

安老院虐老關鍵　照顧員訓練不足

除個人層面，大眾更關心的可能是安老院虐老問題。照顧員作為貼身照顧長者的人，成為最容易虐老的角色。

剛才提到知識對照顧長者的重要性，但事實上現時行業對前線照顧員的學歷與經驗要求並不高，她們所接受的訓練大都停留在實務層面上，而沒有學習如何與長者溝通。雖然照顧員訓練仍有認識及預防侵犯和虐待的部分，但訓練終究沒有讓她們真切感受到長者在生活上的各種難處。明明她們要照顧的對象就需要特別的溝通與相處技巧，但此卻並非學習範疇之一，到底專業訓練有多大程度上把長者當成一個人去看待？而這塊缺失亦為安老院虐老埋下種子。

讓邪惡種子發芽的，是安老工作的厭惡性質。安老院舍工作量大，照顧時亦避免不了搬抬長者、接觸穢物，日復一日的刻板工作使人容易變得得過且過，例如前述的「剝光豬」事件就是為求速度造成的惡劣後果。鑑於工作性質厭惡令人手長期不足、同事對彼此工作態度的漠視，乃至管理層的默許，都促成涼薄而殘忍的虐老行為。

由此可見安老院虐老問題非個別事件，而是源於結構性問題。要撥亂反正，首先前線照顧員訓練必須要革新，另外，安老工作性質難以改變，但人手編制與行業監管卻是政府可控制的範圍，這方面又可否多走一步？

社會福利署　落後於時代步伐

面對上述種種，政府總有一套說辭：社署已根據指引做巡查、一直有檢討措施，但在二零一八年的《成報》報道，就指出「安老法例廿二年原封不動，申訴署斥社署執管寬鬆」，原來社署所編製的《安老院條例》及《安老院規例》由一九九六年實施至今，超過二十二年沒有進行重要修訂（成報，2018）。

另一方面，雖然社署有《處理虐老個案程序指引》，但指引在二零零六年更新後亦待十三年後（二零一九年）方再進行更新。有別於虐兒範疇，相關條例更沒有法律約束力，故此香港目前仍缺乏專項法例檢控虐待長者的行為。如長者遭受虐待，只可引用現有如普通襲擊等法例處理，但涉及精神虐待、疏忽照顧及遺棄長者的個案，社署則無指定法例處理。在這座複雜多變的城市中，社署的更新進度又是否恰當地回應社會變化？即使勉強有規例指引參考，但其執法亦多次被指過於寬鬆，難以令人信服（成報，2018）。

起初談虐老，一般人或許都傾向認為是個別事件，但我盼望讀者從本文中換個角度思考。這個問題沉重而複雜，不論是最初談到土地問題引起的生活磨擦，以至安老服務的種種政策設計及資助，再到有關虐老的法例規管上，我們都看到香港社福服務的重心在於小修小補——這不可言是錯誤，但亦談不上有多正確，這也是香港政府長期疲軟姿態下造成的問題。

政府在服務規劃上沒有前瞻性，取態短視。每每政府換屆，所有政策就重新研究；這樣的話，社會何來有進步，得以回應變化？

未來十至二十年，我們將會迎來高齡高峰期。香港目前六十五歲以上人口已達總人口 16%，屬世界衛生組織定義的高齡社會；二零三零年香港老齡人口將佔 31%，成為超高齡社會（潘佩璆，2019）。面對高齡浪潮，政府又有何準備？

潘佩璆（2019 年 5 月 21 日）。〈居家安老與樂齡科技〉。《眾新聞》。取自
https://www.hkcnews.com/article/20665/%E5%B1%85%E5%AE%B6%E5%AE%89%E8%80%81-%E6%A8%82%E9%BD%A1%E7%A7%91%E6%8A%80-20665/%E5%B1%85%E5%AE%B6%E5%AE%89%E8%80%81%E8%88%87%E6%A8%82%E9%BD%A1%E7%A7%91%E6%8A%80

成報新聞部（2018 年 12 月 14 日）。〈安老法例 22 年完封不動　申訴署斥社署執管寬鬆〉。《成報》。取自 https://www.singpao.com.hk/index.php?fi=loadpdf&t=news&id=10451
東網新聞部（2015 年 5 月 26 日）。〈劍橋護老院承認安排婆婆露天脫光等沖涼〉。《成報》。取自 https://hk.on.cc/hk/bkn/cnt/news/20150526/bkn-20150526152857104-0526_00822_001.html

藍宇喬（2018 年 2 月 15 日）。〈關注虐老、刻不容緩〉。《松柏之聲》。取自 http://www.thevoice.org.hk/v0486/p8.pdf

譚司提反（2007）。〈孝道不是空談〉。《天倫樂雜誌》。取自 http://www.ccfamily.org/Common/Reader/News/ShowNews.jsp?Nid=935&Pid=10&Version=43&Cid=24&Charset=big5_hkscs

零約束的夢

當香港還停留在「甚麼是約束？」之際，其實彼鄰的台灣在長期照護上已悄悄起革命。二零一五年五月，台灣雲林縣就有一老人長期照顧機構「同仁仁愛之家」，將全院舍約束帶公開燒毀，向公眾宣示全院已達零約束的目標。同仁仁愛之家董事長林金立，嘗試在院內試行「三零」：零約束、零尿布、零臥床。我不清楚他們最終是否能夠貫徹落實，但至少他們把約束帶公開燒毀，也實在讓人覺得不容易。

台灣安老革命家——林金立

林金立是提倡長者自立支援的台灣社工。自立支援概念由日本竹內孝仁教授提出，照顧長者以「三不」為目標，包括「不包尿布、不臥床、不約束」，目的在於協助長者維持個人健康及其獨立生活能力、避免及延緩失能，長遠而言替社會減少照顧成本（自立支援，2019，para. 1）。林金立於二零零六年參訪日本首次接觸自立支援，並於二零一一年把自立支援照顧模式引入其主理的同仁仁愛之家，及至二零一六年更成為台灣行政院長期照顧推動小組委員，所提倡的零約束照顧被納入為官方長期照顧目標（謝慧心，2018）。

在他看來，好的生活品質是指生活感。事實上若要長期在床、受到約束，這樣的生活不算是一種生活。雖然這種想法在日間中心還能得以實行，但在長期護理機構實行起來還是少不免出現巨大的阻力。經多年的努力、培訓、體驗和觀念改變，現時不少住在同仁仁愛之家的長者能改善自理能力，甚至每個月平均有三至四位能重返故居或日照中心。在家安老變成可能，護老機構不再是有去無回的人生墳墓（朱國鳳，2017）。當然，台灣距離全國做到「三零」的願景仍有一定距離，但至少在方向上可見不少機構、前線工作者乃至官方政策仍有一定程度決心去改變現狀。

約束是心靈的削權

相較起具前瞻性的台灣，香港在約束物品的使用與處理上還是顯得比較落後與僵化。雖然社署對約束物品訂明了相關指引，但實行歸實行，在實際使用上我相信與指引還是有一段距離——坦白說，在安老院中約束是主流，一個更方便照顧的潛規則。我可以想像若果規定不能約束某些長者，前線同事的反應與阻力可以有多大。他們會覺得這些理想在實際上完全不可行，提出者肯定未曾親自照顧過長者。

其實約束物品的遺害不僅在於長者行動上的自由，更在於心靈的削權。若長者受到約束，代表他的生活起居也會受到限制，尿布因而成為必需品，肌肉力量衰弱得更快，長遠同樣加重照顧者的負擔。心理層面上，約束也會令長者覺得自己無用，想稍為伸展一下也有阻滯，並不人道。

約束問題不僅來自於實際需要，更在於人手不足、刻板工作環境下忘掉應有的同理心，以及與問責文化有關。由於照顧長者屬厭惡性工作，薪金又不高，因此照顧員實在不易聘請，人手短缺下即便照顧員照顧不善，甚至出現虐老情況，但由於社署並沒有相關黑名單，他們很快又可以找到另一家安老院工作，根本不愁失業。而香港在照顧員訓練上並未加入道德相關的內容，如此一來，他們對於道德的意識也會下降。另一方面，長者跌倒的確可大可小，輕則擦損受傷，重則骨折入院甚至影響往後活動能力，安老院方面怕負擔不起這個責任，那倒不如保險一點約束了事。

為喚起照顧員的同理心，現時坊間已有一些讓照顧員體驗約束的活動。大概當大家設身處地感受到長者所受的約束對待時，才能夠放下許多照顧的前設。

其實約束有其實際需要，這完全能夠理解。例如長者有自我侵害行為，不停抓皮膚等，約束也是無辦法之中的折衷之法。但我想強調兩點，第一，如果照顧的人手足夠，很多約束都可以避免，奈何安老服務永遠人手不足，導致了很多不必要的約束存在；第二，相比起「一了百了」的約束，延緩長者失能才更應是照顧重點。

約束理應是所有方法試盡也不成功、無奈下的最後選擇。在如今科技發達的社會，樂齡科技同樣日益進步，在約束的問題上，難道科技不能為此問題作出改變與奉獻嗎？

參考資料

自立支援。(2019, May 28). Retrieved from 維基百科，自由的百科全書。

朱國鳳（2018）。《專訪「自立支援照顧」引進人林金立－零約束、零尿布、零臥床，養老院不再是有去無回的流放》。愛˙長照。取自：https://www.ilong-termcare.com/Article/Detail/1746

謝慧心（2018 年 6 月 25 日）。〈【不綁老人．七】台灣知名社工林金立：照顧不應是支配關係
〉。香港 01。取自 https://www.hk01.com/%E7%A4%BE%E5%8D%80%E5%B0%88%E9%A1%8C/202364/%E4%B8%8D%E7%B6%81%E8%80%81%E4%BA%BA-%E4%B8%83-%E5%8F%B0%E7%81%A3%E7%9F%A5%E5%90%8D%E7%A4%BE%E5%B7%A5%E6%9E%97%E9%87%91%E7%AB%8B-%E7%85%A7%E9%A1%A7%E4%B8%8D%E6%87%89%E6%98%AF%E6%94%AF%E9%85%8D%E9%97%9C%E4%BF%82

好死／不死

樂婆婆是我剛入職時院內的開心果。

身形瘦小的樂婆婆已經九十多歲，但在院內不是少數。她的背已經駝得起了菱角，走路時像日本人九十度鞠躬，但天性樂觀，過得一天算一天。身為數一數二住院時間最長的長者，她在這裡已建立了自己的生活圈、朋友圈，生活也算過得平靜愉快。談到未來，樂婆婆也豁達爽朗：「無所謂，要來的總是要來。雖然是有一些痛苦，但人生就是這樣呀。」長者並沒有想像中抗拒談生論死，甚至比不少後輩更無顧忌。其實在心中，他們已經把這件事想過千萬遍，只欠一個與人談論的機會。

好景不常，樂婆婆一次因跌倒骨折入院，被發現患上末期骨癌；回到院舍時，原本行動自如的樂婆婆只能坐輪椅，身體被護甲鎖得像個士兵。她苦著臉坐在輪椅上勉強拉著扶手匍匐前行的景象，至今我仍記得。

「要來的總是要來，但至少不那麼殘忍可以嗎？」一次對談，樂婆婆苦著臉對我說。是的，香港是長壽之都，但長壽而百病纏身就是痛不欲生的折磨。樂婆婆的情況經院內社工轉介後，由香港老人協會紓緩科姑娘跟進，其家人也決定簽署預設醫療指示（Advanced Directive），同時進行紓緩治療。

「好死」的權利

根據香港醫院管理局資料，預設醫療指示是指「通常以書面形式作出的陳述。陳述的人，在自己精神健全的時候，透過預設指示，指明自己一旦因陷於末期病患、長期昏迷、或植物人狀態等情況而精神不健全的話，他希望或不希望接受的醫療。透過預設指示，人們得以向醫護人員及家人清楚表明他們的意願。舉例，一個末期癌症患者可透過預設指示，指明他一旦心跳停頓時，不接受心肺復甦法等的急救。」

年滿十八歲、精神能自主及知情的病人即可訂立預設醫療指示，清晰闡述當病人在甚麼特定情況下能拒絕哪些維生治療（如心肺復甦法）。香港醫院管理局有特定預設醫療指示表格，涵蓋以下情況：第一種情況，病情到末期，指患有嚴重、持續惡化及不可逆轉疾病，而且對針對病源的治療毫無反應的病人。預期病人壽命短暫，僅得數日、數星期或數月生命；施行維持生命治療的作用，旨在延遲死亡來臨。第二種情況，持續植物人狀況或不可逆轉的昏迷狀況。第三種情況，其他晚期不可逆轉的生存受限疾病。這是指不劃入第一或第二類別，但病情已到晚期及生存受限情況，例子包括晚期腎衰竭病人、晚期運動神經元疾病或晚期慢性阻塞性肺病病人；以及不可逆轉的腦功能喪失及機能狀況極差的病人（醫管局臨床倫理委員會，2019）。

紓緩治療則是以病人為本的專科醫療護理（香港醫院管理局，2020），與一般目的性治療不同，紓緩治療著眼點在於如何讓病人「好死」，包括減低身體因病患而產生的疼痛或是給予心靈關懷。能決定自己如何死去、讓整件事情按自己的想法和感受為先，是紓緩治療最大程度能做的事情。它幫助病人在生命最後階段活得安詳豐盛、平靜寬懷，同時亦為家屬提供情緒支持和哀傷輔導的服務。服務內容包括：

- 對身體徵狀控制的紓緩治療：紓緩病者身體不適，如疼痛、氣促、嘔吐；預防及醫治併發症；改善病者活動能力；保持病者自我照顧能力及安排餘閒活動等
- 社會福利照顧：安排實質支援，包括出院計劃、經濟援助、家務助理、日間護理與家居護理等
- 心靈上的支援：病人及家屬的心理輔導和支援；協助病人克服社交困難、情緒支持、靈性關懷與哀傷輔導等（香港醫院管理局，2012、2020）

幾個月後，樂婆婆就在醫院的紓緩病房中離世。

來自紓緩科姑娘的安慰

樂婆婆在院中已住上十多年，與很多同事都建立了深厚感情。眼看她愈來愈虛弱，大家都益發難過，卻又明白這是生命必經階段；院舍方面甚至安排了紓緩科姑娘到來為大家闡述樂婆婆的離世過程。

雖然相比起其他同事，我在院舍工作的時日不長，但對於樂婆婆的感覺不比他人少。她一直以來的樂觀好動、發現患病後的頹喪絕望，以至面對死亡來臨的堅強勇敢，都深深震撼我。當紓緩科姑娘問及同事的感受，幾位職員徐徐舉手，說沒幾句就熱淚盈眶：「看見樂婆婆走得乾脆，縱是難受，也覺得欣慰。」對大多數人而言，住進安老院、患上絕症，都恍如失去人生的所有希望，但樂婆婆讓我明白人生許多事情非關環境，而在於心態；而其「好死」更讓大家都釋懷。雖然死亡是必然結果，但原來如何死去的過程也極其重要——樂婆婆的故事，也算是擁有美好的終局。

如何不苟活而好死，本來就是愈來愈長壽的都市人應該探討的重要課題。只是人類在追求更長壽的同時，好像已忘掉長壽本來是為了更多時間做自己喜歡的事，而非單為生存。預設醫療指示與紓緩科實是一擁有人文關懷的美善政策，但相關的公眾教育又做得是否足夠？

參考資料

醫管局臨床倫理委員會（2019）。《「預設照顧計劃」？「預設醫療指示」？不作「心肺復甦術」？病人、家屬知多些！》香港：醫管局臨床倫理委員會。取自：https://www.ha.org.hk/haho/ho/psrm/Public_education1.pdf

香港醫院管理局（2012）。《甚麼是紓緩治療服務》。香港醫院管理局。取自　https://www.ha.org.hk/haho/ho/hacp/121587c_txt.pdf

香港醫院管理局（2020）。《紓緩治療服務》。香港：香港醫院管理局。取自：https://www.ha.org.hk/visitor/ha_visitor_text_index.asp?Content_ID=10096&Lang=CHIB5&Dimension=10

長者的死亡自決權

每朝我要帶領的大組活動中，有一個名為「椅子舞」的遊戲，一邊播放舊歌，一邊帶領長者做簡單動作，不但可當晨操舒展筋骨，長者之間更可以彼此交流，大部分長者都很受落，唯獨花婆婆例外——她患上中度腦退化症，已不太能跟隨複雜指令，卻很喜歡別人與她談天、關心幾句。

這天早上的活動時段結束後，我看見花婆婆呆坐在椅子上，於是走過去。

「花婆婆！你好呀！點啊？又在發呆！」

「死呀、死呀。（看著我笑不攏嘴）你後生啦，我老啦，九十幾歲啦。唔死都無用。」

中度至嚴重腦退化症患者就像一部容量很少的電腦，輸出內容來來去去都是那十幾二十句說話。死是花婆婆日思夜想的事——每逢看到誰，她也只是說出「我真的好想死」這類意思的話來。

在香港，長者一直是各年齡界別中自殺率最高的一群，多年來均比全港人口自殺率多出一倍（葉兆輝、鄧琳，2019）。近年香港醫療愈來愈發達，不少長者真正做到長命百歲，遺憾的卻是百病纏身，天天叫「想死」者大有人在。但是不是所有長者都厭世？非也。能在病痛中安然生活者亦有不少。

想死只因不快樂

人好生怕死本為天性，但長者為何想死？想當然是因為活得不快樂。細心一想，原來活得快樂是人生存的重要條件之一。若活得快樂，壽命短一點也不打緊；

但若然相反，長命就是折磨。而活得是否快樂與生活質素密切相關。奇怪的是，香港長者的生活質素從來未曾放在大眾目光跟前，大家只把焦點放在長壽，忽略長壽的生活品質。香港的醫療系統與技術是全球首屈一指的，令香港人壽命愈來愈長，但終究不敵自然——人老病痛必然叢生。醫生有法子令人壽命長一點，但活得開心一點卻不是醫生的責任，當身體病痛愈來愈多、伴侶親人一個接一個過世，長者有尋短念頭倒不令人費解。

根據二零一九年全球生活質素調查，香港在二百三十一個城市中排名為七十一，遠落後排名全球二十五、膺亞洲第一的新加坡，同時亦落後於日本多個主要城市如東京、大阪等。的確，香港衣食住行百物騰貴，人年老後賺錢能力減弱，但退休保障卻不足；從宏觀角度去看，我們便開始能了解為何長者想死。

自殺是一種能力

既然想死，那人到底有否決定自己甚麼時候死的權利？這就踏進自殺與安樂死的議題。安樂死本來就甚具爭議，而針對長者族群的安樂死問題，支持方通常認為當長者面對無盡病患折磨而且完全沒有好轉的機會時，生存或許比死亡更為殘酷。難道我們珍視的生命價值，是一種即便再沒有意義、承受大量痛苦也要繼續下去的東西嗎？

而反對安樂死的首因自是社會不能鼓吹惡生好死的生命價值，例如人人試過大受打擊、出現情緒困擾甚至自殺傾向，當時也覺得自己想死，總不成讓他們都安樂死；而且若有人因為不治之症所承受的身心痛苦真心求死，可以自殺而毋須得到合法的安樂死許可。

事實上，自殺是一種能力，有些人連自殺的能力都缺乏。在文首故事的花婆婆想死，但其認知能力已令她連自殺也不知道該怎樣做。亦曾有長者跟我說過：「我想死，但連拿起生果刀刺向自己的力氣都沒有。」聽起來像個笑話，但如果你是當事人，恐怕就笑不出來了。

有能力者大概是想有尊嚴、合法地死去。自殺在香港雖不屬刑事，但自己主動了結生命，難免被人扣上一堆負面標籤與觀感，事實上他們只是希望傳遞一個信息：尋死並非因為輕視生命，反而是尊重生命的選擇。

安樂死與輔助自殺合法化

當亞洲地區仍然為安樂死合法化是否道德而爭論不休時，歐洲早已設立專門為人安樂死的機構，例如在荷蘭，若一個人的病情無法逆轉，伴隨難以承受的苦楚，而且一再表達求死意願，醫生便可合法地為該病人執行「主動自願安樂死」（Active Voluntary Euthanasia）或輔助自殺。

主動自願安樂死是指神志清醒的病人在沒有治癒方法、痛苦難耐下，要求醫護人員為他注射致命藥物，提早結束生命。目前全球只有四個國家允許主動自願安樂死，包括比利時、盧森堡、荷蘭和哥倫比亞。

輔助自殺與主動自願安樂死的分別，在於醫護人員只能提供結束生命的適當手段，例如處方和準備致命藥物，然後由神志清醒的當事人自行喝下或注射入體內，醫生不能直接參與。這做法在瑞士、荷蘭、盧森堡、比利時、德國、加拿大、澳洲維多利亞省以及美國部分州分都合法（黃珮瑜，2018）。

瑞士就有一著名輔助自殺機構 DIGNITAS，曾於二零一八年為台灣知名體育主播傅達仁先生進行安樂死。而獲得這張死亡通行證並不容易，不僅需要提交詳盡的醫療報告，更要付上高額費用。整個安樂死過程完全尊重對方意志，亦隨時可喊停。

天天求死　何時圓夢？

雖然外國就安樂死看法相對開放，但仍存有不少爭議，始終安樂死涉及道德議題廣泛，包括生命權利、病人權利等，並不能以一文一時三刻說清楚，更甭說針對特定年齡族群的複雜性就更上一層。

與長者相處日久，其實對長者們百病纏身而天天求死的情況可謂屢見不鮮。雖然八十多歲壯健者不少，但若不幸身患長期病甚至長期臥床，當中痛苦實不足為外人道，更難受的是看著身邊人承受沉重的生活壓力與經濟負擔，自己卻無能為力。我始終覺得，四肢健全、健康無礙的我們，跟失去生存意志與意願的人大言「求死不如求生」實是離地萬丈。在病床躺上十年的不是你，忍受各種痛疾折磨的也不是你。人想死必有其因，要不是萬念俱灰生無可戀，也不會提出「想死」一途。當長期或末期病患者繼續生存下去只是承受更多的痛苦時，我們憑甚麼安插「人應該求生而非求死，所以不能安樂死」這種生命價值於他們身上？

雖然對於安樂死，我的個人意見與主流社會觀念相勃，但至少社會應持開放態度容納不同的聲音，讓致力求死的人的訴求能被聽見，可惜的是，主流媒體與社交平台對安樂死的討論稀少，政府亦冷淡看待。對於長者擁有求死之權的夢想，可謂遙遙無期吧。

參考資料

葉兆輝、鄧琳（2019 年 4 月 6 日）。〈防長者自殺、容有尊嚴走最後一程〉。《香港經濟日報》。取自 https://paper.hket.com/article/2318831/%E9%98%B2%E9%95%B7%E8%80%85%E8%87%AA%E6%AE%BA%20%E5%AE%B9%E6%9C%89%E5%B0%8A%E5%9A%B4%E8%B5%B0%E6%9C%80%E5%BE%8C%E4%B8%80%E7%A8%8B

黃珮瑜（2018 年 1 月 10 日）。〈如果死亡能選擇、「自殺旅遊」是怎樣的一回事？〉。《香港 01》。取自 https://www.hk01.com/%E5%8D%B3%E6%99%82%E5%9C%8B%E9%9A%9B/147967/01%E5%91%A8%E5%A0%B1-%E5%A6%82%E6%9E%9C%E6%AD%BB%E4%BA%A1%E8%83%BD%E9%81%B8%E6%93%87-%E8%87%AA%E6%AE%BA%E6%97%85%E9%81%8A-%E6%98%AF%E6%80%8E%E6%A8%A3%E7%9A%84%E4%B8%80%E5%9B%9E%E4%BA%8B

再思長者自殺——
活在大時代下，他們都是犧牲品

安樂死與自殺是兩個密不可分的議題。香港長者自殺率高企，據香港大學防止自殺研究中心資料顯示，香港長者自殺率佔總自殺率約 20 至 30%，即每三至五名自殺者當中就有一名為長者（HKJC Centre for Suicide Research and Prevention, HKU, 2019）。因身體衰弱、家庭疏離、長者家庭缺乏適切輔助引致自殺等因素，社會都時有討論，故本文想從個人前線安老服務工作者的角度切入：我認為長者自殺，或許與他們身處的大時代有關。

失去文字的一代

在戰亂、三餐不繼、社會尚待發展的背景下成長，現今一代長輩有著與城市發展並不相符的文盲率，這也大大影響他們的生活品質。

文盲導致的問題遠比一般人所想的深遠。現時踏入高齡層的長者（Old-Old）大都出生於三十至五十年代；不論他們從中國何處遷移來香港，都未免經歷過二戰、日本侵華、文革等重大歷史事件。因社會動盪之故，他們的學歷水平普遍不高，真正「盲字都唔識多隻」。

那個年代的男性一般需要長時間投入工作；女性則以照顧小孩為中心，僅有的娛樂就是聽收音機和看電視，及至晚年問題就來了：工作或照顧家庭以外，如何消耗大量時間？懂文字者，尚可看看書報自娛；但不懂字者因行動力減弱之故，只能終日呆坐無所事事。

據統計處的《二零一六年中期人口統計——統計圖解》顯示，二十歲或以上人口中有 13.1%（約七十八萬人）屬未受教育或學前教育（香港特別行政區政府統計處，2016）。雖然統計數字未有列明未受教育或學前教育者的年齡分佈，但基於上世紀七十年代開始香港實施普及教育，可以想像那七十多萬人多為長者或新移民。

因文盲而生的抑鬱症

在現代社會中，文字語言是非常重要而普遍使用的溝通媒介；識字者能閱讀不同資訊，了解周邊發生的大小事，尋求外間支援的成功率亦大大增加；反觀不識字者，除找人協助外幾乎別無他法。有時長者想不開只因為不知道如何尋求幫助，而是否識字就直接決定他們有多輕易找到外間支援。識字亦是長者判斷自己是否有用的基準之一，他們會把「有無用」與「是否識字」掛勾——識字代表有學識，反過來卻演變成「我不識字所以我無用」，導致自信心下降。

識字亦與長者的情緒健康有正面關係。閱讀是吸收新知識以及排遣時間的重要方式。學習新事物既能擴闊視野，也能讓生活保持新鮮感。它靜態、進行時間較長、訓練耐性及專注力等，活動性質本身十分適合長者做。不識字者，就「先天」失去了這活動能力。

浸信會愛群服務處於二零一七年發表的《社區長者情緒健康調查》指出在〈老人抑鬱短量表〉統計數字所得，文盲長者屬邊緣抑鬱的比例顯著，有24.2%，接近四位文盲長者便有一位屬邊緣抑鬱（浸信會愛群服務處，2017）。

最後不得不提教育與腦退化症的密切關係。二零一九年美國哥倫比亞大學科學家於期刊 *Neurology* 網絡版發表研究報告，指出文盲長者患腦退化症的風險，或會較一般長者高出一倍甚至兩倍（Rentería, 2019）。根據《CUP 媒體》報道，擁有讀寫能力讓人能夠進行更多使用大腦的活動，例如閱讀報章和協助兒孫做功課，這類活動或能減低患上腦退化症的風險（Wong, 2019）。教育本身就是開發大腦的過程，透過教育，我們讓腦部處理各類複雜訊息、語言理解等；教育尤其著重記憶力，而記憶正是診斷腦退化症的關鍵因素。可以這樣說：這一代的長者在大時代下，失落了大腦被開發的黃金時期，以致老來患上腦退化症的機會亦相應提高。腦退化症同時影響生活素質，故亦與長者心理自信以及會否因生活素質下降而生尋死念頭相關（洪蘭，2020）。

套用現代的說法，這一代長者就是生涯規劃出現了問題。年輕時對社會及家庭過量的奉獻，又從來沒好好籌劃退休生活，子女獨立與個人行動力減弱均造成強烈的失落感，卻又無從培養新的興趣填補心靈空虛——人生路走著走著，真像走進了死胡同裡。這樣看來，長者有尋死的念頭，某程度上是能夠理解的。

既然識字如此重要，又有沒有可能老來才學習認字、寫字？以我的親身觀察這相當困難。一方面長者年紀大，學習能力自然沒有年輕人好；另一方面是動機問題，經過多年的文盲生活亦沒有特別誘因令長者要學習識字。較折衷可行之法，是以認字識字寫字作為一治療介入手法，讓對文字有興趣或有些許文字根底者延續能力，維持認知功能；但若要求長者從文盲到可閱讀報紙、書籍的程度，恐怕仍相當困難。

長者的未來？

這批三十至五十年代的長者其實是大時代的犧牲品。他們的教育程度普遍低下，因大時代而失去自我，又不懂得自娛；不僅因年輕時長年工作至五勞七傷，還因現今醫療發達令壽命延長，結果老來病痛纏身卻欠缺生活品質，成為最備受折磨的一群。

近年政局動盪、社會運動頻繁，也許我們都會認為自己生活在壞時代中，但相比起在戰亂下成長的上一輩那種三餐不繼、夜不安寢的生活，仍然是我們無法想像的。年輕一輩也早已沒有那種尊重長者的想法，「廢老」、「老（腦）殘」大抵是年輕一輩對長輩的刻板印象。事實上成長環境會造就不同的價值觀，在面對不同世代時，可能彼此都需要更多的同理心去了解對方。

未來十至二十年的長者情況又會與現時長者不同，例如由於整體教育水平提高、受西方思想影響較多、對退休有更全面計劃等，長者的抑鬱或自殺率有可能出現結構性改變。但最重要的，仍然是社會必須有前瞻性地應對世代變化；如果沒有靈活變通的思維，長者自殺也許會成為一個永恆的社會問題。

香港特別行政區政府統計處（2016）。《2016 中期人口統計：統計圖解》。頁 17。香港：政府統計處。取自 https://www.statistics.gov.hk/pub/B11200972016XXXXB0100.pdf

浸信會愛群服務處（2017）。《社區長者情緒健康調查報告摘要》。頁 3。香港：浸信會愛群服務處。取自 https://www.bokss.org.hk/content/press/46/201718%20%E7%A4%BE%E5%8D%80%E9%95%B7%E8%80%85%E6%83%85%E7%B7%92%E5%81%A5%E5%BA%B7%E8%AA%BF%E6%9F%A5%EF%BC%8D%E5%A0%B1%E5%91%8A%E6%91%98%E8%A6%81%20Final.pdf

洪蘭（2020 年 1 月 14 日）。〈文盲更容易得失智症？閱讀能力愈強，你的大腦就愈不會退化〉。《天下雜誌》。取自 https://www.cw.com.tw/article/5098595

Wong, A.,（2019 年 11 月 19 日）。〈文盲長者，患腦退化症風險高 2 倍〉。《CUP 媒體》。取自 https://www.cup.com.hk/2019/11/19/us-study-literacy-dementia/

HKJC Centre for Suicide Research and Prevention, HKU (2019). Suicide Death by Age Group in Hong Kong. Retrieve in: https://csrp.hku.hk/statistics/

Rentería, M. A., et. al (2019). Illiteracy, dementia risk, and cognitive trajectories among older adults with low education. *American Academy of Neurology*, 93(24). DOI: https://doi.org/10.1212/WNL.0000000000008587

專訪周永新教授：
社工之父談全民退保的可行性

周永新教授，大家或許在新聞或專訪中聽過這個名字。被稱為「社工之父」的他，為香港社福界貢獻良多，雖已達古稀之年，卻仍關心社會，投身各個教研項目，現時為香港大學社會工作及社會行政學系榮休教授。教授在安老議題上甚有研究，二零一三年受港府委託研究全民退休保障，但最後報告卻不為政府採納，成一時新聞熱話。到底政府既要大學研究，又不接受研究得出方案的原因何在？作為香港社福界重要人物，政府在處理安老議題上，又有沒有一些思維問題？在與教授專訪中，我們也許能看出一點端倪。

問：教授你曾受扶貧委員會委託，帶領香港大學團隊研究全民退休保障，但最後建議不被政府採納。在你看來，政府不予採納的考慮是甚麼？

答：政府當時邀請我的團隊進行研究，我並不意外，因我在一九八零年代起，在社會保障、長者問題等已發表多篇文章，故在此議題上我也相信自己的經驗與權威。我跟當時的司長，即現任特首林鄭月娥也曾經合作過。

對於報告不被政府採納，我相信主因是提議涉及老年金稅。第一，政府不想因全民退保增加稅項，故到今天為止亦沒有改變稅制；第二，相信是因為工商界團體反對。其實不論最低工資也好、產假政策也好，影響利益他們就一律反對——香港的生意人，基本上都不會同意這種全民福利。

港人脆弱不堪的理財方式

事實上，香港大部分人都不懂得理財。你大可問問自己對強積金了解多少？有沒有細心留意？調查發現有四成上班族完全不了解個人強積金狀況。會買股票的人亦不代表他懂得理財，很多人買股票連它是甚麼也不知道，拿個號碼就買、「博彩數」一般。

香港人口老化嚴重，很多長者到六十五歲時都沒有固定退休保障，他們又不願意運用這些積蓄，認為「無錢傍身」感覺不太踏實；即使手上有數十萬，逐少逐少花很快也所剩無幾。絕大部分人退休時儲蓄不多，一百幾十萬在香港也算不了甚麼，所以我們當時構思也不算奢侈，只求長者每月有三四千元作生活保障，有基本儲蓄，即使住私樓也好公屋也好，不用審查，經濟也可大致穩妥。

全民保障看重的是長者尊嚴

現時政府要進行入息審查才能發放長者生活津貼，很多長者知道要審查就有很多顧慮，或是為得到津貼而撒謊，把錢轉給兒女等——一切一切，其實都沒有顧及到長者尊嚴，這是我們認為需要全民保障的原因。但政府呢？加稅，它不想；搞全民福利，它又不肯。

幸而到今日，終於有長者生活津貼，提案與我們所提的已相當接近，金額與我們原先建議的也差不多。全港現時有約六十至七十萬的長者領取長者生活津貼，已佔全港長者大半以上比例。但像我這種工作多年的就不符合資格了。總的而言，我們要做的已經做了，政府會否推行就由它自己考慮了。

淪為「A貨」的長者生活津貼

但在我心目中，現時的長者生活津貼只是「A貨」，原因在於我希望透過全民保障方案，表達社會對長者的尊敬；以權利角度，希望他們得到應有的生活保障。言其為「A貨」，是因為現時方案始終要經過審查，雖然效果一樣，但意義上有分別。政府只著眼於經濟需要，要長者進行資產審查；我要強調，長者生活津貼並非一個扶貧措施，要審查其實就等於扶貧，像要長者承認自己沒有謀生、賺錢能力才得到這份津貼，跟需要承認自己無錢、沒有兒女供養才可領取綜緩的意義一樣，就是需要政府的援助。

但我的想法並不如此，我希望做到「只要你是香港永久居民，就能得到應有生活保障」，這是我們原本就應得的權利。在《基本法》中不是有寫嗎？《基本法》第三十六條中如是說：「香港永久居民有享受退休保障的權利」（中華人民共和國香港特別行政區，2020）。就如現時新冠肺炎，即便你在其他國家回港，只要有香港永久居民身份證，就能享用公立醫院的醫療服務——這就是政府在醫療方面給予我們的權利，不需要經過審查。

殖民時代至今的守舊思維

政府只協助有需要者是一種很傳統的思維，由英國殖民地時代至今仍然如此。我覺得很可惜，現時在任的高官與問責官員，不都是八十年代進入政府工作嗎？不也經歷過殖民地時代洗禮嗎？結果就脫離不了這種思考。不單安老政策，在房屋政策、其他政策亦一樣，例如興建居屋就強調不會影響私人樓宇市場、自己能負擔得起樓價的就沒有政府的責任……而非一併解決社會整體需要。

政府沒有採納我的方案，其實我也沒怎麼樣，我和現任政府官員關係仍不錯，仍有保持聯絡。

問：教授對香港長者政策有一定研究，在你看來，哪些安老議題最急切需要處理？原因何在？

答：在我看來，要解決香港安老問題並非多建安老院，因為興建安老院由規劃到建成其實需要很長時間。香港長者住於院舍的比例約 7 至 8%，為全世界最高，即便日本或外國都只有 3 至 4% 甚至更低。不過香港有其特殊環境因素：地方小，連自己的房間都沒有，若行動不便就更難照顧，唯有交予院舍照料，所以也不能怪責子女為父母申請入住安老院。

興建愈多的安老院，只會令愈多人申請入住。舉例，現時到公立醫院看專科排期甚久，若醫院由原本兩個醫生變為五個醫生診症，排期時間會減少嗎？理論上會，但實際上很大機會不變，因為醫生多了就更多人輪候，供應增加只會產生更大需求，並非滿足需求；其實居家安老才是解決問題的方案。居家安老由七十年代開始提出、已討論近五十載，當時的長者多與家人同住，但今非昔比，現時由於雙職家庭比例高、居住地方狹窄等因素，根本難以照顧長者，造成香港現時一百二十五萬名長者中有 10 至 12%（即十人中有一人）獨居老人；另外又有約 20% 即約二十萬為兩老同住。現時有近 30% 長者獨立於社區，他們身邊未能即時找到相應幫助。在這種情況下，社區照顧網絡的加強是必要的，但一路以來政府的資源並不投放在這方面，而放在興建安老院舍。

其實居家安老所需的費用絕不比住院舍少，而政府對於居家安老投放資源不足就會造成兩個結果：一、服務供應短缺；二、服務質量大打折扣。例如很多日間中心在星期六、日均不會開放，實在不能稱為「全人護理（Total Care）」；提供服務者又沒有足夠訓練，只能提供最基本的送飯、清潔等，連個人護理層面也做不到。外國較理想的地方是能夠上門進行護理、物理治療等進階服務，甚至辨識到長者認知及情緒轉變——長者有沒有認知障礙症？有沒有自殺傾向？及早知道就能介入，但這些在香港全部都沒有。

我從事多個長者研究，其實幾乎95%長者都不想住安老院。他們都希望自己能在社區生活，但這就需要社區提供足夠服務。安老院始終能提供二十四小時服務，上門則只有一日中的一小時，兩者怎能相比？但自費聘請長期看護費用又十分昂貴，舉例養和醫院的長期看護照料一天費用為十二萬——是一天十二萬！雖然並非每個人都住養和醫院，但可想而知長期看護費用絕對可以十分昂貴，並非一般人負擔得起。

長期照顧保險制度的必要性

到頭來，問題始終回歸到社區長期照顧與退休保障問題。長期照顧保險（Long

Term Care Insurance）其實是每一個人都需要買的保險，正正因為並非每個人在年老之時都需要長期被照顧。研究指出，需要長期被照顧的長者大約只佔總長者人數10%，所以社會實不需要每一個人都為未來長期照顧做儲蓄。情況就像買危疾保險，有病痛者才進行保險索償，保費亦不等於你需要儲蓄的金額數目。大部分國家現時都有這樣的保險制度，這才是可持續發展的良策。

問：你認為港府在制定安老政策時有沒有一些根本的、思維上的問題？如有，是甚麼？可以如何改善？

答：正如前述所言，政府一向奉行「大市場，小政府」思維，認為市場能解決的問題就不需要政府出手，例如能買樓就不應住公屋、能住私家醫院就不應到公立醫院，而非一併解決社會需要。這是造成各層面社會問題多年來都未能根本解決的主因。

安老政策涉及多個範圍和不同配套：勞工、健康、醫療、房屋、社會結構等，一環扣一環，但現時安老事務委員會卻未能做到統整資源、處理各個問題的角色，它只是一個委員會，而非一個「局」。大家試想想，為何香港有教育局，但沒有安老局？現時所有學童事宜由教育局統整，才能做到綜合處理問題之效。

以香港而言，現時五人中就有一個長者，而每十個長者中就有一個需要被長期照顧，這實在是社會沉重的負擔。安老院現時由社會福利署管理，但其實它又涉及大量醫療問題。安老院前線人員一旦處理不了長者情況就會致電九九九送長者進公立醫院，難怪公院系統會崩潰。其實若只是輕微受傷，有必要立刻使用公院資源嗎？問題始終在於資源未能綜合得宜，也是導致醫療系統崩塌的原因之一。

坊間的非牟利機構只做得到小修小補，若論及統整社會資源始終需要看政府有多大決心擔當領導角色，解決這個可預見的沉重負擔。

訪後感：

與教授詳談，帶給我的又是不一樣的經驗。教授以政策層面出發希望疏解社會結構性問題，既務實，又理想。務實，是因為他身為學者進行研究，讓數據說話，得出最忠實的結果，務實的尋找解決問題的方法；理想，是因為在資本主義掛帥的香港，要主流社會放棄利益，又實是困難。政府會虛心聆聽意見，承擔起照顧好社會的重任嗎？

參考資料

中華人民共和國香港特別行政區（2020）。《憲法及基本法全文》。摘自：https://www.basiclaw.gov.hk/tc/basiclawtext/chapter_3.html?noredirect=1

第四章

以有限資源，
創造無限可能？

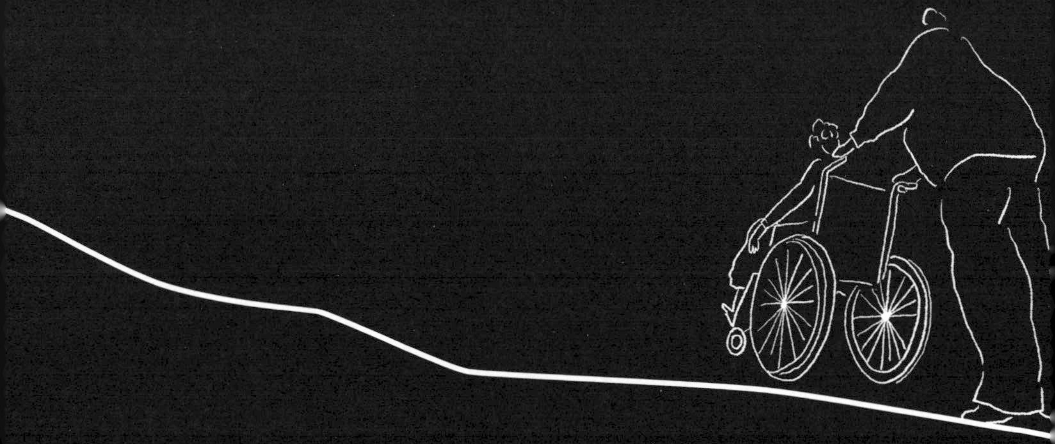

這本書的中心自是探究在香港社會脈絡底下的老人權利和安老服務，但老人權利及高齡社會的問題並非只有香港面對，其他國家在面對高齡海嘯衝擊時亦出現不少別開生面的政策，這些政策又可否讓我們借鏡？它們能給予我們甚麼啟示？

或許我們不能把外國的一套完全搬到香港，但容讓我們先把所謂的文化差異放下。我們生活的地方，不都是地球村？在地球村中，為何別的國家做到，我們卻做不到？

另一方面，談到安老服務的有限資源問題，不得不提到醫療體制的部分。香港醫療體制的千瘡百孔，相信前線醫護最為明白；服務不勝負荷的其中主因，就是因為長者需求太多太重。隨著長者人口比例增多，醫療系統壓力只會益發沉重。面對如此艱難情況，有方法可以解決嗎？我們可以用有限資源，創造無限可能嗎？

請先好好照顧自己

執筆這一年，香港正籠罩在新冠肺炎的疫情當中，照顧機構例如日間中心、庇護工場等都停擺，照顧者更被迫與被照顧者單打獨鬥。照顧者往往是被忽視的一群，他們付上耐性與勞力，不僅毫無薪酬，大多更要肩起日常開支。照顧者不堪壓力，殺死被照顧者後繼而尋死的社會慘劇亦時有聽聞。近年社會高齡化，以老護老屢見不鮮。隨人口老化照顧者數目只會愈來愈多，也侵蝕社會原有勞動力。照顧者的心聲，有誰聽見？

過來人的心聲

每個人都有可能成為照顧者。小時候我的姐姐患上癌症，當時我只有九歲，整個家庭因一名病者弄得翻天覆地。那時的童年生活，主要在醫院探訪和漫長的陪伴中度過。當時姐姐虛弱得連拿一杯水也要別人幫助，而我不僅常要去探病、送出入院，也需要扶抱、飲食、協助上廁所、洗澡等工作。雖然重點照顧姐姐的是母親，但我也需要幫忙分擔。小時候不懂事，更因照顧的瑣事與患病的姐姐吵過一兩場架呢。那種看著身邊家人能力日漸衰退，而自己又無能為力的無助感無處抒發。兩年後姐姐因病過世，這段經歷也因歲月流逝而封塵，但這大概是我長大後會加入安老與復康行業的其中一個主因吧。

由於祖母與外祖母均是長期病患者，近幾年我再次加入照顧者行列，整個家族幾乎「全民皆兵」，湊錢聘請外傭之餘，亦於周末輪班照顧兩老。猶幸我出生於大家庭，祖母與外祖母兩邊均算是兒孫滿堂，作為孫女的我付出亦不如上一輩多，但面對長者各種生活問題，卻是考起了眾親友——由吃飯、上廁所、走路，到維持各項能力包括吞嚥、認知、情緒、社交，在大家的努力付出下，我深切體會到要擔起照顧者的角色有多不容易——及後祖母與外祖母相繼離世，一眾親友雖是不捨，但同時卻又的確鬆了一口氣。

照顧者，就是每天背負著既愛且累的矛盾去生活。

輪候支援服務　時間好比公屋

有關香港近年居家照顧的長者與殘疾人士數目與照顧者需要支援的情況，我們可試參照二零二零年立法會秘書處訂製的《數據透視——為照顧者提供支援》文件（立法會秘書處資料研究組，2020）。由二零一六年中期人口統計的數據顯示，有8%香港長者現居於安老院或住院，與家人同住者則有74%，即每四位長者中便有一位與家人同住。若以二零一六年香港長者人數為一百一十六萬三千人計算，即香港現約有八十六萬長者與家人同住。即便他們並非全部都需要貼身照顧，但可見香港照顧者的數量是何其驚人。

而長者輪候院舍服務需求由二零一四至一五年的二萬零四百三十五增至二零一九至二零二零年的三萬七千九百一十一，增幅達29%；但輪候日間服務的數字則更驚人，由二零一四至一五年的二千二百八十九增至二零一九至二零二零年的四千三百七十，增幅竟達90%，顯示長者日間照顧的需求愈來愈大，可以說是倍數的遞增！即便如此，面對如此龐大的社會需求，政府卻顯然無法負荷，這從輪候名單的遞增中已完全顯示出來。

照顧者的需要　難道又只是日間服務嗎？

從上述數據中，我們可知日間照顧服務確是首要釋放照顧者壓力的重要出口。但照顧者的需要，難道又只是日間服務嗎？在我的經驗中，照顧者通常跌入的情況，是連如何去尋找適當資源協助都不了解。政府與非牟利機構的資訊事實上不甚流通，有些照顧者年紀老邁、不懂得如何上網尋找適當資源，身邊又無人幫助，長此下去極易鑽牛角尖。照顧者有需求，政府的資訊也要「user-friendly」才行，要不就只會是惡性循環而已。

除日間服務外，成功的居家安老配套也能直接減輕照顧者負擔，例如上門送飯、復健服務、輔助醫療服務等。不過殘酷的是，這些服務的輪候時間是天荒地老的長。不論申請入住安老院也好、外展送飯也好，不少長者在輪候期間已然離世。這些數字與檔案，是多麼真實卻可悲。除實際援助外，照顧者的心理需要也向來被忽視。不同於上班，工時再長始終也有下班時間，照顧者的工作卻是從早到晚二十四小時年終無休地進行，更遑論能夠領薪水及放假。要做一份永遠沒有停竭的工作，任誰都會覺得身心俱疲吧？

要達至真正內外支援照顧者，始終要從政策方向著手，奈何政府仍然以安老院作為安老服務最核心的組成部分。安老院理應是長者安老體系中的最後措施，但勞福局局長羅智光在二零二零年十月十八日的局長網誌中，就提到要繼續興建更多安老院（羅智光，2020）。其實照顧者不為別的，不送長者到安老院，就是想跟他一起生活呀！護老政策以安老院為核心，和日本小說中《猶山節考》（註）的情節又相差多遠？一連串結構性問題，需要有清晰思路、方針以及長遠規劃，才能有效減輕照顧者的負擔，但政府在短期內難以作出有效的改善，在此只能寄語各位照顧者：在照顧人之前，請先照顧好自己，多找尋外間資源以緩解壓力——要記住，

參考資料

立法會秘書處資料研究組（2020）。《數據透視—為照顧者提供支援》。立法會秘書處資料研究組。取自 https://www.legco.gov.hk/research-publications/chinese/2021issh05-support-for-carers-20201117-c.pdf

羅致光（2020）。《面對未來挑戰的安老服務發展》。勞工及福利局。取自 https://www.lwb.gov.hk/tc/blog/post_18102020.html

註：《猶山節考》為日本小說家深澤七郎所著，故事取材自日本古代信濃國的棄老傳說——因當地生活嚴苛困苦，每當長者到了七十歲，就要由家人背到深山中等死，以免浪費家中的糧食。

不合常理的香港樂齡科技

近幾年政府大力推行樂齡科技，於二零一九年下旬，我與同事有機會一同前往香港樂齡科技展參觀，這個展覽主要針對本港照顧殘疾人士與長者的機構，希望可以透過科技提升長者及殘疾人士在社區和院舍的生活質素。

一到會場，大家便各散東西：護士往護理攤位瀏覽、社工往防走失警報系統去；我和音樂治療師則往音樂電子活動的攤位，並聽見推銷員這樣說：「某大社福機構向其他同行購買了六套協助長者進行音樂活動的電子敲擊產品，卻因沒有人懂得使用方式就白白浪費了，所以我們公司配備課程，教導中心職員如何使用。」這就怪了，既然無人懂得用，那為何社福機構當初又要購買？機構以至政府批核撥款的準則如何？這全都是公帑呀……

那邊廂，我又被一個訓練長者平衡力的電子遊戲吸引住了。介紹短片中的主角是孩童，原來遊戲設計原本是針對小孩子而設的。把教小孩的一套用在長者身上這概念部分正確，但在難度上長者卻未能駕馭。例如遊戲是需要長者站在一個凹凸不平的膠墊上，還要按指示踏上不同膠墊，一連串的動作連日間中心的會員都未必做到，哪有職員願意冒險讓走路也不穩的院友嘗試？另一方面，電子遊戲有講故事的設計，但竟然使用英文，長者又有幾多個能聽懂？感覺上參展商似乎對日間中心與院舍長者能力的了解有一段距離。

語言不通、價格不菲的樂齡產物

從同事口中得知其他訓練產品不約而同都有「離地」這個缺陷：「有個南瓜仔讓中晚期腦退化症患者摟抱安撫，不錯是相當可愛，但問題是它只有日語，而且每個索價二千元，又真的值得？相比之下，普通寵物玩具狗同樣具互動能力，但價錢卻便宜得多。」雖說對中晚期腦退化症患者而言何種語言已不太重要，但事實上公仔並不便宜，性價比太低根本不合理。

外國產品的確有其吸引力，但若引入香港使用時語言不通，對於連母語都未必能掌握的長者其實用處不大。若香港廠商做到研發與支援，相關產品才真正有益於使用者。

政府在樂齡科技上大力推展，亦撥了不少資金讓院舍與日間照顧中心購買相關設施；但，這些公帑是否真的用得其所？在安老機構引入產品前，有真正了解過使用者的能力與需要嗎？即使外國產品較具吸引力，但實際在香港使用的語言及能力落差問題仍未有良好的過渡，老友記又是否真的用得著？似乎香港樂齡科技，仍有一段漫長的路要走。

創意藝術治療　醫治身心的鑰匙

走筆至此，大家仍記得我在安老院的工作嗎？我是全職表達藝術治療師。這工作暫時在香港以至全球都少之又少，專職在長者工作的就更是鳳毛麟角。既然如此，就容我以一文篇幅談談創意藝術治療（Creative Arts Therapy）的種種。

創意藝術治療　牽涉心理學甚廣

以定義層面而言，創意藝術治療是一新進治療手法，透過多元藝術或單一模式，有目的及針對性地以視藝、音樂、舞動、創意寫作等手法作介入，以改善受眾身心靈不同的需要。創意藝術治療包括強調多元模式的表達藝術治療（Expressive Arts Therapy），亦有單一藝術模式如音樂治療（Music Therapy）、舞動動作治療（Dance & Movement Therapy）、藝術治療（Art Threapy）等，由於種類繁多，在此不一一羅列；以長者族群而言，創意藝術治療則能達致預防及延緩長者身心衰退、提升生活素質之效。

成為創意藝術治療師並不容易，除了個人藝術能力，也需要涉獵大量心理學範疇，一般能在外國協會註冊的治療師通常都需要修讀兩年全日制碩士，而現時香港縱是有一兩個培訓創意藝術治療師的碩士課程，但坊間對創意藝術治療仍然了解不足，政府亦未有認可的註冊制度，因此可算是極為新興的行業。

到底創意藝術治療有沒有學術研究支持？世界衛生組織於二零一九年發表最新報告 *What is the evidence on the role of the arts in improving health and well-being?*（中譯：〈多元藝術能在改善人類健康與福祉上扮演甚麼角色？又有何證據證實？〉），內容指出不同藝術模式有多種心理輔助治療及復康功效，例如改善孕婦睡眠質素及進行羊膜穿刺檢查的焦慮症狀、幫助飲食障礙患者培養自我意識、減緩成年人的創傷焦慮（沈帥青，2019），甚至協助柏金遜症患者改善病情（World Health Organization, 2019），可見創意藝術治療在促進身心健康上已有大量研究證實。

被長久忽略的港人精神健康

其實不僅在外國，香港亦有相關研究。二零一八年團結香港基金就此議題進行研究及發表報告，顯示創意藝術治療在社會各個不同層面上均發揮積極作用；報告亦向政府提議衛生及社福界聘用創意藝術治療師、加強設立行業專業機制，甚至納入政府編制等（團結香港基金，2018）。其實團結香港基金人脈已與政府密切相關，可惜自一八年以來，相關議題仍未曾被政府認真討論過。

政府未有相關支援政策亦會窒礙有需要者的求助動力。執筆之際，香港正處於新冠肺炎及反送中運動餘波下。二零二零年港大一項研究發現港人精神健康面臨顯著困擾，分別有超過 40.9% 及 73.7% 受訪者有中至高度創傷後壓力症狀及抑鬱症狀，更有 36.4% 受訪者同時出現兩項症狀（頭條日報編輯部，2020 年）。港人較少尋求專業人士協助的原因複雜，但錢是必然考慮之一，若個人保險能囊括心理治療，將讓有需要者更有動力面對問題。

總體而言，香港創意藝術治療發展比外國仍慢接近十至二十年——說到底，政府政策推動至為重要，例如英國衞生部就把其歸類為輔助治療，獲當地部分保險公司認可，推出相關醫療保險計劃（沈帥青，2019）；政府牽頭修改編制亦能促使機構有聘請創意藝術治療師的資源與意欲，對行業發展以至教育社會大眾何謂心理治療或創意藝術治療均有裨益。

難以量化的治療果效

雖然政府有不可或缺的責任，但衞生界與社福界亦應就體制改變有恰當的思想準備。行內人不容易把創意藝術治療視為專業，這不僅因為行業發展時間短，亦與治療活動性質相關。由於創意藝術治療涉及進行藝術活動，往往予人感覺誰來做都可以，卻不了解治療師設計活動背後的深意與治療目的，也貶低了創意藝術治療的專業及尊嚴。

另一方面，創意藝術治療普遍重於質性研究（Qualitative Research），特別在西方醫療體系主導層面上，難以說服偏重定量研究（Qualitative Research）的香港社會氛圍——始終身心變化較難以數字衡量。不同於其他醫療專業，由於藝術治療較難以定量研究方式表達案主的轉變，對醫療人員而言或需更多了解與磨合。而有時不僅同事難以理解其專業性，甚或乎管理層也對此不太清楚，甚至不知如何合作，這始終要依靠進行更多的員工培訓和宣傳教育，才能更有效提高大眾對創意藝術治療的認識。

非藥物治療不比單藥物治療遜色

我們的社會毫無疑問地一直高舉西方醫學的成功，並一直以其為主導。我絕不否認西方醫學成功之處，但事實上它也有其盲點與缺點，各種藥物背後的副作用也有機會為身體帶來長久或不能逆轉的後遺症。就長者族群病症而言，已有不少研究顯示非藥物治療的成效比起單使用藥物更為理想，而非藥物治療亦不限於創意藝術，亦有其他例如香薰、園藝等等。香港醫療政策有沒有可能把非藥物治療納入規管範圍？社會是否應該開始思考非藥物治療的可能性與重要性？

參考資料

World Health Organization, (2019). *What is the evidence on the role of the arts in improving health and well-being?* Retrieved from: http://www.euro.who.int/__data/assets/pdf_file/0005/419081/WHO_Arts_A5.pdf

頭條日報編輯部（2020 年 8 月 6 日）。《港大研究：36% 受訪港人齊現創傷後壓力及抑鬱症症狀》。〈頭條日報〉。取自 https://hd.stheadline.com/news/realtime/hk/1838982/%E5%8D%B3%E6%99%82-%E6%B8%AF%E8%81%9E-%E6%B8%AF%E5%A4%A7%E7%A0%94%E7%A9%B6-36-%E5%8F%97%E8%A8%AA%E6%B8%AF%E4%BA%BA%E9%BD%8A%E7%8F%BE%E5%89%B5%E5%82%B7%E5%BE%8C%E5%A3%93%E5%8A%9B%E5%8F%8A%E6%8A%91%E9%AC%B1%E7%97%87%E7%97%87%E7%8B%80

沈帥青（2019 年 12 月 12 日）。〈藝術治癒心理　還需發牌增認受性〉。香港經濟日報。取自 https://paper.hket.com/article/2518180/%E8%97%9D%E8%A1%93%E6%B2%BB%E7%99%92%E5%BF%83%E7%90%86%20%E9%82%84%E9%9C%80%E7%99%BC%E7%89%8C%E5%A2%9E%E8%AA%8D%E5%8F%97%E6%80%A7

團結香港基金（2018）。《藝術創共融　世界顯大同》。團結香港基金。取自：https://www.ourhkfoundation.org.hk/sites/default/files/media/pdf/b5_chi_8ppdm_032618_op.pdf

專訪岑啟灝：
社企創辦人的日系介護夢想

老齡化問題並不限於香港，一位八十後就為此專誠到日本取經，了解當地的「介護」理念，並深深相信：「只要心中有好的理念，就會帶動好的行動。」日本作為高齡化社會，面對這問題也有一套特別的理念和制度。今次我找來「鐵樹銀花」社企創辦人岑啟灝進行專訪，讓我們一同細閱這日系護老記。

問：你在二零一五年隻身前往日本進修，為何當時會有這個決定？你現時創辦的社企「鐵樹銀花」又將哪些日本的護老理念帶到香港？

答：當初前往日本讀書都是機緣。我本身在城大修讀社會科學學士，畢業後曾經在日本公司任銷售員，但一直希望改變。及後因為參加了一次平等分享行動（作者按：平等分享行動是由香港攝影師 Benson Tsang 發起的行動。他一向關注社會運動議題及反地產霸權，提倡行動「沒組織、沒領袖」，只在網上呼籲有相同理念的人一起落區與基層和老人分享物資、關心他們的苦樂。至二零二一年，運動已持續約十年。）而受到很大衝擊，原來社會上有一大群不被看見的人，當時我就想：我可以做甚麼？我的日文老師就建議我到日本讀「介護」——就是他的一句話從此改變我的人生方向。我在駐港日本領事館申請獎學金到日本修讀碩士，留學經驗大大開闊我的眼界。

創辦社企「鐵樹銀花」 望香港少走冤枉路

在大學時期我已有在港經營社企的想法，日本之行更促使我下決定。當時我有機會到當地安老院實地考察和工作，發現有很多值得香港參考之處。由於擁有社會科學的學術背景，相比起當地更偏重實務性質的介護福祉學，我可以用更宏觀的角度思考安老問題。

在香港談安老，經常與無償付出掛鈎，一般人會認為這是家人的責任，這亦是安老服務不被重視的原因之一。香港社會老化情況嚴重，照顧者問題、老老照顧、安老院虐待問題、減少約束、自立等議題也已浮面。日本安老的成功與失敗經驗都比我們多，若我們參考日本安老理念，必能走少很多冤枉路。

我一八年回港即成立社企「鐵樹銀花」，希望把「介護」概念引入香港——現時我們的手法較為軟性，例如放映電影《照護人》（ケアニン），這是一套談及照顧認知障礙症患者的日本電影，意義深刻，我希望能把這帶進香港。我們社企取得電影的獨家放映權，在香港、澳門等地舉辦放映會、分享會並把安老設計成業界教育項目等。

「鐵樹銀花」第二個主要工作是為機構推廣「介護」培訓。我把自己在日本的經驗，根據本地情況整合出一套教學予香港安老人員，包括前線護理員、管理層、社工甚至治療師等各職位。這些理念都很好，但必需放到安老前線才有用，畢竟他們才是每天面對著長者的人。

我們亦有以 VR 體驗認知障礙症、精神及行為問題的活動，讓前線同事更能理解長者切身情況。我們亦會有帶非牟利機構到日本安老院參觀的考察團，也有不少正面迴響。

問：你可否簡介一下日本護老理念？與香港有何不同之處？你認為香港有何值得借鏡之處？

答：香港人看日本安老院，往往著眼於很大、很新，但我卻更欣賞他們經營背後的理念。這些理念不單影響機構本身，甚至影響整個行業及社會的發展。這裡先簡單談談何謂「介護」。日本「介護」所牽涉的不僅是一個職位名稱，同時也意指一種照顧理念。

「介護」是指透過日常起居生活的協助作為媒介，維護服務對象尊嚴同時最大限度地延續他們過往的生活。介護團隊作出專業評估及跨專業協作，因應服務對象各自的生命歷程及身心狀況，建構一個他們期望及能夠參與的生活環境，不再是以往單向及被動，每天被照顧、被幫助的角色。例如以往曾是專業家庭主婦，有認知障礙症的婆婆仍能夠坐在輪椅上與介護員一起煮飯；以往曾是木匠的伯伯，即使身體沒以前靈活，也能做一點木工小手作，甚至為院舍製作簡單的鞋櫃；又或者曾中風並有吞嚥困難的長者，仍能依靠自己的力量拿起專用的匙羹，去吃自己喜歡的軟餐。介護就是從人的生活中尋找不同切入點，照亮並守護著每一個生命。儘管現實並不容許我們做到所有，日本也不例外，但介護團隊都是以此作為照顧的目標。

所以在日本，介護是護老其中一專業範疇，相對於醫療護理界別，介護或許更貼近社會工作的思維。在他們的安老服務業中，除了護士、社工與治療師職位外，更有介護員和介護福祉士。他們的職能看似與香港的照顧員相近，但由於理念及對照顧的理解有所不同，香港的照顧員往往只被看成照顧長者日常起居的一雙手。在香港談護老，與專業拉上關係的往往只有護士、社工與治療師，照顧員角色卻很少被談及。

在日本，介護理論與思維訓練跟香港的照顧員亦頗為不同。我曾參加介護的訓練課程，他們花近十小時談及人權、日本憲法、法例理解、討論「何謂人的生活？」等議題；香港照顧員的訓練則直接教授實務內容如扶抱、照顧技巧等。當時我很驚訝，但發覺這些思維構建絕對影響實務工作。大家會從這些理論中了解自己是在照顧一個人而非一件貨物，會更有心讓長者貼近原有生活，而非僅僅生存。

讓長者重新「參與」自己的人生

自立支援亦是介護的理念之一，即如何在有限資源下，讓長者掌控自己的人生？即便事實上，有些長者在患上長期病後已無法恢復原來的自理能力，但照顧者如何令長者盡可能延續原來的生活方式？這個理念，在香港倒未曾普及。

舉個例子，例如半身不遂的長者想要洗澡，香港大概是立即決定需要多少人照顧他、如何快捷地洗，出發點也好；但日本卻重視長者本身可以做多少、怎樣把他們的參與度最大化。他可以用手拿肥皂嗎？可以拿花灑嗎？若果他能做到，就已是「參與」的方式，而非所有事情都要依靠他人輔助。雖然洗澡只是日常生活活動（Activity of Daily Living），但透過洗澡，長者卻能夠掌控自己的人生；同一道理，吃飯也好如廁也好，只要有介護理念，長者就能重新參與自己的生活——這就是透過照顧員的照顧，讓長者重獲最貼近原本自己生活的意思，讓身心靈透過介護整合。

從待遇看官方重視性

談到薪金與晉升機會，香港照顧員政策未能讓從業員看見行業的前景，工作性質僅屬初階，但日本介護卻有清晰的晉升階梯。成為介護員後，經三年實務經驗和國家統一考試合格，介護員便能取得介護福祉士資格——這是國家認可資格，薪金亦會有所提升。

日本安老行業由市場主導，資金雄厚的機構能聘請更有經驗或學歷較高的員工，並給予他們更好的待遇。職能方面，成為介護福祉士後其工作更宏觀，他們會分擔護士或社工的工作，有效地執行護理計劃。他們需具備高水平的護理知識與倫理觀，在有限的資源下分配工作及營造合適的照護環境，讓服務使用者最大程度地延續原來生活。在香港，護理工作常被看待成一雙手，而在日本介護卻像一雙會思考的手，與護士、治療師等不是互相取代的關係，而是相輔相成的關係。

介護福祉士再上一級就是個案經理（Care Manager）。個案經理職責如一貫介護，重心放在生活。除護理工作外，他們亦負責撰寫護理計劃，顧及個案社交、生活層面。若個案經理繼續晉升，就會成為社會福祉士，即香港的社工或以個案經理職級繼續工作。「福祉」二字在日本代表「Well Being」；日本把「福祉」二字放進國家資格名稱，可見其重要性。日本很多安老院院長和營運者都是介護出身，由低做起。

最後，介護也牽涉形象管理，機構如何表達照顧員的形象定位至關重要。在香港從事安老行業，經常會被稱為「很有心」，背後蘊藏的含意似乎是「廉價」、「厭惡」的標籤。為何「有心」？這不也是一個專業嗎？

問：你能分享兩至三個在日本讓你覺得十分有趣、新穎的安老想法嗎？這些想法背後的理念是甚麼？為何它們會讓你如此深刻？

答：我想先分享我在日本參觀安老院時，負責評鑑安老院的主管跟我說的一席話：「到底怎樣才是一間好的安老院？就是你自己也願意住、覺得好。」的確如此，我們要的不是華麗堂皇，而是住下來覺得舒適就可以了。

另一件讓我印象深刻的是日本如何看待認知障礙症患者。認知障礙症原本是社會上不被看見的人與事，但日本卻有機構帶著輕度至中度的認知障礙症患者到HONDA汽車公司洗車——介護概念讓一班本來不被看見的人被社會「看見」。事實上，日本不少大品牌都與介護概念扯上關係，例如大品牌SHARP、SONY、TOSHIBA等就有參與開發介護相關產品及長者支援院舍或服務式住宅；上述的洗車活動亦是一例。企業與長者與社區有了連結，令長者並非只是躲在角落中被遺忘、對社會了無貢獻的人。

而其實談到長者活動，一般都較女性化，例如插花等，男性化活動較少，但洗車就較適合男士做。患者從中獲得成功感、投入社會參與；長者更藉此賺取收入，這亦是他們仍具生產力的重要象徵。原本從事安老服務恍如不斷「燒錢」，但其實長者也是社會的重要資本，我們需建立的是平等的關係。

最後我想分享一則最近的日本護老新聞。話說二零二零年因疫情之故，日本很多長者活動也暫停，但當地一外展介護服務卻邀請僧侶一同進行上門探訪，與長者交流，照顧他們的身心靈需要。介護關注的從來是人的生活。為何院舍內會有餐廳、糖果屋？都是因為介護，所以很容易聯想到這類活動。長者的生活就由長者去經營，或是由介護協助他們經營。

問：如你有機會為香港安老服務政策層面上革新，你最期望能革新甚麼？香港安老的大方向有何問題？日本經驗可以如何讓我們借鑑？

答：我認為香港安老最大問題是沒有選擇。用家也好、照顧者也好，都沒有選擇。香港人總說「不要太長命」，箇中原因就是香港安老服務太參差，甚至政策上亦未見曙光。服務使用者總是像在一大堆很勉強的選擇中勉強選擇一個沒那麼差的，例如安老院舍要不就很貴，要不就很差，即使昂貴質素亦不見得好。在香港有一家豪華安老院擁有自己的花園，但明明外面就有一個公園，這不是資源錯配嗎？

在有限資源下，我們仍應該發掘更多選擇。相比之下，日本的服務雖有慈善團體營運，但同時又有市場主導，所以較多樣化，做不好自然讓市場淘汰。

安老院與社區的距離

我認為香港安老另一大問題，是長者與社區的完全分離；安老就是與家人到安老院探訪，是充滿異味、陰陰沉沉的。大人會認為這不是小孩應來的地方，實際上應該如此嗎？為何在香港住進安老院就像被關進監獄？歸根究底，就是安老院無法令長者覺得是第二個家。

在社區連結上，香港學生也會探訪老人院，但大都只與長者進行一些互動，但日本卻會讓護理員、照顧員跟學生解釋工作性質，讓學生從另一角度了解長者照顧。日本的安老院能存在於社區、成為社區的一部分，例如他們會開餐廳、做糖果屋；這同時連繫下一代與長者的生活，也是教育的一種。

我想強調一點，我並不認為香港安老服務就是差，別的地方就是好。香港有不少機構與時並進；員工轉數快、適應力好；日本也有做得不好的地方，但日本的整體方向、機構服務層面以至政策上較為正面，能與社區產生連結。香港談「醫社合一」，日本卻是「醫護社合一」，其中的「護」就是「介護」，是「長者要生活」。現時香港醫療系統已不勝負荷，如果在社區做到介護，在政策、機構以至社區層面上影響服務模式，長者便能留在社區生活，減少長者與社區分離情況。

訪後感：

雖然八十後已不算是年輕的代名詞，但受訪者的成熟穩重仍讓我留下深刻印象，似乎他所背負的，是一整個時代的護老重任。

科幻小說作家倪匡先生有句話，「社會能夠進步，是因為下一代人不聽上一代人的說話。」舊方法行之有效並不等於正確，年輕人的朝氣、國際視野、膽識與願意嘗試的勇氣，同樣是已被社會磨去稜角的成年人需要好好學習的地方。尤記得受訪者所言，「香港員工轉數快、適應力好」；在安老課題上，香港人也能發揮這種靈活變通的優勢嗎？

西醫為本的社會問題

「你唔舒服？快啲睇醫生啦！」這一句平常到不行的說話其實蘊藏一前設，就是身體不適就一定要看醫生。大家到底有沒有思考過，為何不舒服就一定要看醫生？由於命題為「西醫本位」，即代表其他醫學類，例如中醫、輔助醫療等，雖已日漸受大眾認知與認可，但對比西醫，西醫就是有這種不可動搖的權威，但這種權威性從何而來？甚麼因素會引致此情況出現？在安老服務中，它為甚麼會成為香港醫療體系崩潰的其中一塊骨牌？

西醫的領導地位

在醫學發達的今日，我們很難想像沒有西方醫學的生活。古人多以天譴或超自然力量為疾病成因，例如在《聖經》中，疾病就被視為因罪惡而促致的個人懲罰；

其醫治方式甚至與巫術扯上關係。但歐洲自啟蒙時代後，人們開始摒棄宗教束縛，轉而相信理性與發展科學，西方醫學乘勢而起。

的確，西方醫學有值得推崇與優勝之處。經多年發展，現時西方醫學具大量科研證明，用藥成效立竿見影，亦擁有優良的培訓機制。西方醫學被視為社會幾乎不能質疑的權威之一，以科學為信條的今日，西方醫學憑著頂尖的科研攀上知識頂端，擁有西方醫學知識的人亦成為社會最頂尖的賢達。

但與其說我們相信的是醫學本身，不如說是醫學背後的科學根據。細心想想，其實不同國家亦各有一套醫學理論，例如中國就有自己的一套醫學系統與理念，但大家又會認為中醫能與西醫地位看齊嗎？顯然並非如此。雖然現時中醫已有更多科研證明，但終歸究底也無法完全由科學證實，故此以普及性及學術地位看來，顯然以更具科學根據的西方醫學佔優。

伴隨一生的西藥副作用

雖然中醫學並不能完全以西方科學解釋，但我們也能在日常生活中感受到中醫理念的好處與功效。舉一簡單例子，例如疫情期間，我工作的院舍就有提供「防疫湯水」，如雪梨茶甚麼的，不就源自中醫之說嗎？難道西醫也會談滋陰潤肺？又例如西醫沒有戒口的概念，但我們都清楚食物或煮法都有其屬性，這概念在香港亦被廣泛接受。

事實上，西方醫學尤其是藥物的副作用一直為人垢病。西藥雖有快捷之效，但幾乎每一種藥都有副作用。我曾在理工大學參與一個關於精神病康復者面對年老的困境與生活情況的研究，其中讓我十分深刻的是受訪者均不約而同地表達精神病藥物對他們身體產生的副作用，有部分副作用甚至是永久性。另一方面，醫生在診治中免不了試藥的過程，例如就一種病，病人須服A、B、C三種藥，雖然最後結果是C藥物最具成效，但病人卻同時承受了其餘兩種藥物的副作用。更讓人痛心的是，他們要走的路仍然很長，但某些不必要的副作用卻已伴隨一生。

相較之下，專職醫療行業同以科學為根據，但以非藥物治療方法處理患者病症。患者不但能接受專業和針對性的治療，同時亦避免承受西藥副作用，豈不為一舉兩得之事？

輔助醫療　減輕公院負擔

西醫本位理念不單在社會上，同時亦是安老服務行業的主旋律，但這就產生了兩大問題：

一、長期服用藥物對身體造成各種影響：大部分住在院舍的長者都需要長期服用大量藥物。他們對於為何要服藥、服甚麼藥已經沒有概念，完全是「藥來張口」的地步，但同時藥物又會帶來副作用，例如疲累、無精神、流口水、手震等，大大影響長者的生活質素以至自信。這不是長壽而又沒有生活質素的恐怖折磨嗎？

二、對公立醫院醫療體系構成嚴重負擔：院舍雖能提供簡單基本護理，但若長者突然出現身體狀況變化，送院仍是機制內首要進行之事。這種突發性在長者服務中經常出現，而當很多長者都經常進出醫院，醫療體系當然負荷不了，更莫談十多二十年後的高齡海嘯期。

長者有事當然應該送院，但當長者身體狀況出現變化，是否「必然」送院？會否有可能設立機制，讓非緊急個案不須送院，由基層醫療承擔以減輕公院負擔？甚至再多想一層，政府能否讓輔助醫療行業承擔更多預防工作，減慢長者衰老狀況，讓社會問題惡化之前及早制止？

我無意否定西醫的科學權威，只是想從實際角度探視西方醫學限制、西醫本位引致的社會問題，甚至思考西醫本位本身是否是一件合理的事；而我所得的結論，是西方醫學有它的限制、西醫本位的安老服務的確加重了醫療系統的負擔。文中亦談及西方醫藥的副作用問題，此對身體摧殘損害不亞於病症本身。更重要的是社會與政府應加強提升輔助醫療行業的社會地位，以減輕藥物治療帶來的潛在社會負擔。

輔助醫療的無限可能性

我們的社會理所當然地相信著西方醫學，但細心想想，除了醫生，還有其他的角色能夠擔起治療甚或預防的任務嗎？他們可以多大程度改變如今醫療體系的各種問題？

相信大家也有聽過聽力學家、言語治療師、臨床心理學家、營養師、視光師、視覺矯正師、物理治療師、職業治療師、足病診療師、義肢矯形師、放射技師、醫療化驗師等職業，這些行業被統稱為輔助醫療系統，在各個專業上都有其訓練與要求，針對該專門問題的診治及復康方法，甚至比醫生更清楚。

輔助醫療的治療成效大多已被科學數據證實，例如針對認知障礙症，非藥物治療的輔助效用甚至比服藥更佳，但根據現時香港條例規定，上述的專業服務均需由醫生轉介，而輔助醫療系統中所有行業仍然受醫生管轄，導致外行人管內行人的情況。長久之下，醫生權威性愈發不能質疑，此消彼長下，亦削弱其他專職醫療行業的專業性與專業自主。

「預防勝於治療」的初心

以香港為例，作為主導的西方醫療以發生問題後對症下藥為理念核心，再加上社會醫療負擔本來就很重，很難做到預防勝於治療。雖然建立輔助醫療系統也需一定成本與時間，但卻能夠做到「防患於未然」的效果，同時亦減少用藥對身體帶來的種種副作用。預防並延緩問題的發生，提高病患者整體的生活質素，亦能有效減輕公立醫院醫療系統的壓力，對於社會整體福祉而言也是非常值得的投資。

事實上，預防勝於治療在安老服務上更形重要。高齡海嘯來襲下，社會照顧長者的負擔日益加重。衰弱，或是有認知障礙的長者更需要身邊人付出大量時間、精神及金錢照顧；發展輔助醫療系統或許未能對醫療系統起即時減壓之效，但長遠而言對整體社會發展與市民生活素質，均有正面積極影響。

醫療權力的下放

可惜的是，香港政府在輔助醫療系統的發展十分緩慢。從外行人管內行人、到現行醫療制度，由始至終都涉及醫療權力的問題——在體制內，最終醫療決定均落在西醫手上，但觀乎不少西方國家其實已能做到醫療權力下放，令輔助醫療系統有更大自主性。

說到底，由政府去建立與發展輔助醫療系統十分必要，原因在於市民亦需靠政府所建立的系統去識別該行業的專業性；另一方面，政府的認可能更大程度上對行業進行法例規管，在專業失德事宜上進行具法律效力的裁決，這些部分不能依靠個別專業建立學會就做得到。

照顧好自己的身體

談了一大堆關於西醫本位的現象與非西醫本位的醫療系統可能性，那作為一介平民，又可以做甚麼？首先，我們要懂得分清楚何謂醫療的緩急輕重，不要小病小痛又去急症室求醫。過了一定歲數，每年或至少隔年接受身體檢查，預防勝於治療。找尋適合自己的固定家庭醫生，整理一份個人病歷簡介，減省醫生重新理解、整理病歷時間。

另一方面，身體是自己最大的資產，不要在日常生活或工作中逼得自己太緊，精神緊張、憂慮過多也是導致疾病叢生的因素之一。如果維持良好的飲食習慣、多做運動或選擇一些個人化的方法（如做瑜珈、香薰治療）去紓緩個人較輕微的身體情況與問題，均能減低患上都市病、長期病的機率，長遠更可減低個人醫療負擔。

當然，在現時疫情蔓延全球的日子裡，發燒、咳嗽都可能是染病徵兆，病向淺中醫亦是道理，所以真的覺得自己身體不適，就趕快看醫生啦，不要勉強！

束？綜合種種，社區照顧為本才是出路。此理念已提倡多年，但政府推行力度與方向都十分模糊和弱勢，令居家安老遙遙無期。

服務不用 Innovative**，而是** Integrative

政府安老服務問題在於碎片化，不融合統一。例如送飯，為何一定要由NGO承辦，不能由社區幫手？樓下茶餐廳不能製作一少鹽油餐單，再送飯予長者嗎？這不也大大減低NGO負擔？又例如看「街症」，可否在有電腦的地方，配合姑娘協助，讓醫生快速診症？甚至專科也可用這個模式。太多服務明明近在咫尺，卻偏偏由長途跋涉的NGO外展服務隊承擔，服務碎片化現象委實無奈可笑。

所以我們不是要催生一項新服務，反而希望將不同現有的服務串連起來，發揮最大功效。例如把安老院現有設施讓日間中心使用，又或者在地區中心安設護士站做篩查點，都是在原有資源之上架設服務。

長者服務以下幾個A至關重要，包括Availability, Accessibility, Accountability, Affordability, A-grade Services, A-Stop。這些長者服務是否存在？是否容易觸及？工作人員是否真的有能力協助他們？長者是否承擔得起費用？服務是不是一站式？這是一醫、護、社會與商業綜合體。而設立好的架構與平台很重要，但這需要政府、社會、NGO共同合作。這就是我們當初希望推廣的理念。

問：你們認為現時香港的醫療系統（特別在長者部分）做得如何？對於社區照顧的願景是甚麼？

答：要思考現時針對長者的香港醫療政策，可首先問自己：「你想老去時過甚麼生活？你會否想住在安老院裡？」如果答案是否，那為甚麼要繼續這樣營運下去？香港安老服務問題永遠在於僧多粥少，服務使用者一旦進入服務後就長時間佔據位置。服務欠缺流動性，不論是日間中心還是安老院都常見；這亦源於社區基礎醫療做不好，有需要者在無法選擇下唯有直接入院舍。當「少少需要」與「好大需要」者排同一條隊，服務當然不足夠——換個角度想，如做好社區基礎醫療，承托起「少少需要」者，不是能減輕日後可預見的系統負擔嗎？

而，有沒有誰真正想過不同服務單位原本應該做甚麼？安老院原意是希望長者在院中安享晚年，但如今它卻只能讓長者生存而非生活。舉個例子，為何安老院不能吃乾炒牛河？他喜歡吃，為何不能讓他食？疫情期間為何不容許探訪？他想見家人，為何不准？人要做自己喜歡的事才快樂，安老院應該給長者生活，而非僅僅生存。

又例如護理安老院本來只應收容失能的長者，但實際上又會出現「精叻老人」住在安老院的情況。安老服務不同單位的服務性質不協調，大家都不是發揮應有職能的前題下，在現有系統中微調根本不能對症下藥。

我們最後試以醫生角度出發，他們又會否歡迎這類新型社區護理制度？答案是不會。現時公立醫院醫生工作量實在太大，根本做到 Burn Out （作者按：此字眼的中譯為「職業過勞」或「筋疲力竭」，但以 Burn Out 形容較為精準，故保留）。即便做到專科醫生，他們也不能專注醫治病人，常要兼顧行政或其他事務，長期鬱鬱不得志。某部分醫生已不期望改變，在他們眼中，醫療改革只會帶來更多的文件與工作量；而老人科一向被視為是多投訴、家屬煩的一科，工作性質亦不吸引。相比之下做私家醫生似乎更舒服，工作時間比醫院短、賺的錢又更多，更只需專心看診便可。種種原因下，願意做老人科的醫生少，願意接受這種「不賺錢」的新型社區護理制度的醫生更少。醫生一方面要面對被視為「麻煩」的長者，一方面工作性質又似乎在跟私家醫生爭飯碗，根本吃力不討好，又處處存在利益衝突。

護士不應被輕視

就有關社區照顧願景，我認為需要設立社區照顧診所。診所可分為三部分：

第一、最簡單類別，例如給予基本日常治理訓練，處理 ADL （Activities of Daily

Living，日常生活活動）或IADL（Instrumental Activities of Daily Living，工具性日常生活活動），讓義工服務或以付費形式在地區進行長者社區照顧，配合簡單執藥覆診服務；第二為輔助醫療團隊服務，即物理治療、職業治療、營養師和其他治療；第三是深入醫療，讓護士作介入，例如做篩查、打流感針、簽預設醫療指示或提供安寧服務，為病人寫好病史，方便醫生檢查。

政府應讓護士承擔更多元化的護理服務。最理想是醫生醫病、護士作協調，因為護士明白醫生診症的內容、為病人作個案管理；同時能協調其他輔助醫療專業，例如物理治療、職業治療等。要知道醫生診症時間實際上很短，根本不了解病人病史。若社區護士能為病人寫好病史，轉介信等，不也節省醫生大量時間嗎？

由市場主導的醫療服務

再推而廣之，社區照顧診所可以引入不同的服務，總之有需求就有供應，如物理治療、中醫，甚至創意藝術治療，服務不一定免費，由市場決定診所服務，價錢也由市場決定，診所則提供平台。最理想的是診所可以有普通義工、長者義工或專業義工協助。

另外，很多退休治療師與醫生其實都是社會龐大資產——若在資源上成功配對，已退休的他們同樣能發揮所長，既能賺錢又可貢獻社會，但坦言，這個營運模式不太賺錢，還會影響私家醫生的收入及既得利益者。無人會想自己的利益再被人分一杯羹；而政府想法因循舊習，亦不想改變。

問：作為小型非牟利機構，你們有沒有遇上甚麼困難與挑戰？你認為政府在這個層面上，有甚麼可幫助的地方？

答：我覺得我們最大的挑戰之一是政府，第二是大型非牟利機構。政府開設安老服務，如長者中心、長者活動中心、地區康健中心等，多以招標性質尋找合適營運者，給予恆常資源。大型NGO因具名氣、聲譽等，總較容易入選，政府認為傳統就是「穩陣」，但小型NGO的創新理念、刻苦努力，卻敗在守舊的制度下。

要不停申取資助對我們而言也是一大問題。因為即使是大型資助，最多也只有三年時間；三年後它們就要求機構自負盈虧。三年時間實在太短，機構實無可能短時間內成立出成熟的自負盈虧模式，以致我們必須三年又三年地不停申取，當中涉及大量人力與時間成本，增添了許多籌募經費的困難。

當革新意念遇上申請資助困難

當初推廣基礎醫療時，有很多人連甚麼是基礎醫療也不知道，變相要進行大量教育工作。不僅市民大眾不知道，就連大型資助的委員亦難以理解這個概念，認為此服務已存於社區，但事實並非如此；而撰寫資助申請書往往要求數字，卻不重於數字背後的質素。尤幸多年努力，我們也終於有更多大型資助。

問：如有機會為香港安老服務政策層面上革新，你最期望能改善哪一方面？

答：市民想要革新服務，就唯有不用政府的服務，因為政府服務思維較為落後。開放市場、打造合適平台，讓市民有更多選擇，容許市場主導，才是解救出路之法。

專訪後感：

完成專訪後，心情竟有些沉重，言談之間我感受到作為小型NGO的無力。要做到政策上革新已然不易，但我們彼此之間都期望社會與政府所能做到思維上的革新，就更難做到。

我們都深知自己並不能建構烏托邦，但也應該盡力讓社會變得更好。關護長者協會所想的並不過分，更非難於實行，甚至只是一「合格」程度的構想。高齡化社會的來臨已迫在眉睫，我看不到政府為何仍然冷待願意投身服務長者的機構，要機構三年又三年不斷申請資助。這些資助不能長遠改善系統問題——能達致理想的居家安老，在香港社會與政府固有的思維模式下，還真像遙遙無期。

第五章

「實際」如此，
但「本應」如此嗎？

在思考社會問題時，若我們往往只從最實際的角度出發，終究不能協助我們認清事情的本質。在關乎生死、終老、社會、幸福的問題上，或許我們都需要一些更理論式、思辨式的論述，社會才有機會更深入思考「老」這個議題。

長者問題存在是實然問題，但社會本身並不應該存在這些問題。難道社會理應有貧窮長者嗎？理應有長者自殺嗎？既然我們不認為一個社會應該如此，社會又應該如何去承托變老這個人類無法逆轉的命運，以及它帶來的一些相應的社會問題？

在這一章中，讓我們走進象牙塔、透過社會科學角度，嘗試認清問題的本質，觀察清楚甚麼是「老」——也許我們會有些新的想法與啟發。

專訪好青年荼毒室鹽叔：以「老」為題的思考盛宴

若一個人幸運地沒有早死，那老就是人生必經階段，但對於這個過程我們又思考過多少？對「老」，我們真的了解嗎？

近年普及哲學興起，「好青年荼毒室」的大名，相信讀者不會陌生。是次專訪對象就是好青年荼毒室的成員鹽叔——港大社會科學學士、中大哲學學士、柏林洪堡大學／倫敦國王學院博士生，年紀不大卻經常被人叫「阿叔」，與幾位哲學好友成立好青年荼毒室推廣哲學。作為香港哲學界KOL之一的他，對「老」又有何看法？

問：在哲學角度而言，甚麼是老？老的本質是甚麼？理想的變老是如何？面對老的本質，人與社會，以至政府可以如何讓我們順暢經歷老的過程？

答：在我們談老之時，一般人多認為老是關於身體機能衰退，屬生理層面。這當然合理，年老的而且確是生理現象，但細心想想，變老真的只是生理現象嗎？其實也涉及心理現象，例如個人形象（Self-Image）以至個人詮譯（Self-Interpretation）——我們如何理解自己？這也是變老另一重要部分——我甚至相信這是變老過程中更重要的部分。

為何我如此認為？村上春樹曾言：「人不是慢慢變老，而是一瞬變老。」；又或者我們都聽過「人老心不老」。人可以心境變老但生理沒老，又可以心境沒老但生理變老，由此可見兩者雖有關連，但同時又可分開，所以變老談的不僅是生理，也是心理層面，與心態密切相關。若人在壯年，但心境上覺得自己生命高峰已過、每天倒數生命，這樣的心態又算是老嗎？又或者即使人老，但能否心不老？若年紀大但心境年輕，又算年輕嗎？

既然老在客觀上只能代表肉體腐朽，那老其實又是甚麼？

接納自己　重構幸福的可能

雖然身體衰退是變老過程的客觀事實，但如何理解事實卻完全由個人決定。這個對事實的理解某程度上可以與生理層面分開，但要留意，所謂年輕心態非指認為自己仍然甚麼都做得到。變老就是肉體腐朽，這是難以逆轉的事實；若不接納這個事實，同樣是自欺欺人。我實際上的狀態如何？如何在限制內接納自己，並在此框架下重構可能，才是變老的真正考驗。

長者仍能如何有限制地實現自我？若能達到這種狀態，或者才算是真正的幸福、活出精彩人生。這種自知對人能否獲得幸福有決定性影響——因為人能否獲得幸福，某程度上十分取決於人對自我的理解是否足夠。在這個意義下，長者似乎仍有很多未打開的可能性。

問：有沒有哲學家談過老的問題？就年老議題，哲學家們有沒有談過要保持甚麼生活態度？

答：雖然哲學上並沒有特別研究老的問題，但我們可就老而伴隨的各種心態與問題作出討論。

老去是自己的死亡進行式

老與年輕客觀上最不同之處，應該是老與死亡的密切關係。我們雖然都在未變老之前認識死亡，但死亡往往只是他人之死、是一個概念，而非切身的來臨。死亡會發生在自己長輩身上或是新聞所見，與自己並非密切相關。變老不同之處在於基於生理衰退、人會慢慢感受死亡的逼近——死亡不再是他人之死，人會發現自己也在死亡，死亡正式成為可預見的、真實的、將會發生的事情。變老同備一些特徵，例如我們會認為變老就是從人生的高峰往下走；最美好的已經過去，並且在往死亡的方向前進。

這些衰老的現象，很影響人如何看待餘下的生命。壯年時，我們總覺得時間能夠揮霍、認為時間似乎是無限的，變老的來臨促使人有倒數心態出現、使人不禁思考我們應如何掌握餘生？又或者當安老前線員工或照顧者們面對嚴重認知障礙症患者；當患者已完全失去自我意識、不能溝通時，從某些哲學家想法而言，他們真的不能稱之為人、真的只是一件死物之時，這些問題都會延伸我們思考：「人到底是甚麼？」甚至更進一步，更殘忍的是：延續這種生命，還有意義嗎？

所以有趣之處是，當我們探討死亡之時，我們也同時在探討生命的價值。當我們面對不同質素的生命時，也令生者反思這種生命有意義嗎？而若果這種生命真的有其價值，它值得我們珍視的地方是甚麼？這種生命的質素，是我們想要的嗎？

《論語》先進第十一有云：「未知生，焉知死」；有不少哲學家卻言：「若人不了解死亡，同時也不了解生命」。原來我們不了解死亡，就不能透徹了解生命的價值，那其實應該是「未知死，焉知生」。

哲學家海德格：「死亡刪去所有的可能」

另外，德國現象學哲學家海德格曾指出死亡是「possibility of the impossibility of any existence at all」，意思即是死亡會刪去所有可能。原本人生有很多可能，但死亡則取消了人生所有的可能。

回說長者。不少長者在經歷死亡倒數時會自我封閉、不再嘗試新事物，其實等於提早刪去自己生命的可能——某程度上這等於讓死亡提早到臨。再擴闊一點想，如果我們行事為人故步自封、放棄生命的可能，又何嘗不是提早了死亡的來臨？若果我們仍想活出幸福的人生，就不應過早讓自己變成一件死物，要盡力打開自己不同的可能性，才能更恰當地活出人的尊嚴與價值。

問：作家龍應台曾說：「如果生老病死是一堂生命課，華人社會往往只修了『生』的學分。」你認為在香港這個華洋雜處的社會，在不同層面上（例如教育、社會層面上），我們有好好了解過何謂變老這個議題嗎？你認為有何改善空間？

答：香港人對死亡有一定忌諱，的確非常難處理，尤其本身對這個議題特別敏感的長者與照顧者就更難處理。大家談年老還好，但談死亡則十分避忌，但我們仍有不少事情可以做。

以賦權除去對長者的標籤

第一，即便我們不與長者直接討論，但從事相關職業的人乃至社會，也可以透過賦權（Empowerment）讓長者多做自己想做的事情，活出精彩的餘生。社會定義也並不限於政府、安老院，也可以包括家人、朋友甚至長者自己。說到底長者都是人，他們不是一群被擺佈的人；他們有自由意志、希望活出自己想過的生活。

舉個例子，我認識一位朋友的公公，年紀很大、已經八十多九十歲，竟然開展第二春、拍起拖來。一般家庭自然反對，但若果家人能了解對長者賦權的重要性，可能會變成鼓勵，讓他們能享受更多生活的可能、實現自我。其實有時不一定是長者自己想或不想，當長者自己或照顧者都難以開口時，身邊人推動與引導就很重要。

再延伸下去，我們的社會對不同族群都會賦予標籤（Stigma），例如性別、職業等，在長者族群中同樣如是。為何長者對自己會有一些刻板想法，例如認為人生高峰已過、自己在等死等等？這也是由於社會這樣告訴他們——這些框框與限制，就是社會給予長者的標籤。除去社會標籤，其實也是賦權的一部分。

那我們可如何撕掉社會賦予長者的標籤？長者動機普遍較弱，除去標籤需要大眾更多推動與鼓勵，所以每人都能做到。

卸下「無用」的標籤：成為有貢獻的人

在現今的香港社會，老去被視為一件壞事，因為人是一種需要不斷尋找價值、實現自我的生物；但就我們剛才討論的老，則會產生出變老等於沒有價值的結論，造成的結果，是長者也為自己貼上再沒有貢獻、對社會沒有價值的標籤。

現代社會發達，為長者開拓更多生命的可能。這是舊式社會無法想像的事，因為在當時社會，人根本不可能如此長壽。既然社會變得如斯發達，長者又能否因應這種發達，令他們繼續成為有貢獻的人？在此層面上，我相信社會賦予的空間、資源與想像都十分重要。

最後，我們的社會應嘗試更早為下一代預備年老與死亡，在有忌諱的社會文化中，我們仍可透過反思、討論、接觸長者，扎實議題的思考深度。舉個例子，年輕人很多時會到長者中心做義工、與長者相處，但都較著重在付出關心層面。其實年輕人也有老去的一天，在他們「服侍」長者的過程中，帶領者也可為活動添加多一層意義，讓參與者多思考議題與自身的關係，為自身面對的年老與死亡作準備。幫助年輕人提早思考年老，對長者又有幫助，也是一種雙贏。

訪後感：

小時候我們每天問為甚麼、長大了我們有時仍會問為甚麼；但社會的洗擦與磨蝕，令一個個原本愛問為甚麼的人不再尋根究底，因為問為甚麼會煩人亦無謂，甚至會衝擊規則與制度。

安老服務工作者的工作量大，很多時已經無暇思考做這些工作的原因。聽著受訪者見解，讓我追本溯源、重新思考安老前線工作及活動背後的理念與意義。原來老是這個樣子，而因此我們才需要做這樣那樣的事情。有些事情，我們做了；但又有哪些事情，我們沒有做，甚至沒有考慮過，令長者未能實現幸福的人生？

哲學就是讓人停下來，想清楚自己到底在做甚麼；而這，也許正是我們最缺乏的吧。

長者的生命需求

亞伯拉罕．馬斯洛為美國著名的社會心理學家，他於一九四三年出版了〈人類動機的理論〉（*A Theory of Human Motivation Psychological Review*）一文，當中提出了需求層次理論（Maslow, 1943）。此理論把人的需求分成生理需求、安全需求、社會需求、尊重需求和自我實現需求五類，依次由較低層次到較高層次，形成金字塔式。

各層次需要基本含義如下述：

一、生理需要：人類為維持自身生存，當然要滿足基本需求，例如衣、食、住、行等。生理需要可以理解為推動人們行動最強大的動力。

二、安全需要：人類有保障自身安全、避免財產受到威脅的基本安全需要。

三、感情需要：此層次需要包括兩個面向。一是友愛需要，包括友情、愛情，或是伙伴之間、同事之間關係融洽；二是歸屬需要，人有一歸屬於群體的感情，希望成為群體中的一員。感情需要比生理需要更為細緻，與人的生理特性、宗教信仰、教育、經歷有關。

四、尊重需要：尊重需要同樣包含兩方面，可分為內部和外部尊重。內部尊重指人希望展現個人實力、勝任工作、能獨立自主；外部尊重則指人希望有地位、有威信，受人尊重、信賴和高度評價。馬斯洛認為滿足尊重需要能使人對自己有信心，對社會熱情，體驗到自己活著的用處和價值。

五、自我實現需要：這是最高層次需要，指的是實現個人理想、抱負，發揮個人能力到最大程度，完成與自己能力相稱事情的需要，亦即是，人必須作稱職的工作才使他們感到最大的快樂。

香港安老服務做到第幾層？

回顧香港安老服務，我們的確有滿足長者第一、二層需要，為他們最低限度地提供棲身之所，但，除此以外呢？似乎只勉強達至第三層。安老服務單位一般都強調社交的重要性，但更多時候卻歸類為功能性的存在，例如社交會令長者腦筋好一點、活躍一點，而不是由於社交本身具有價值、是人的基本需求，而馬斯洛理論正正證實這一點。

馬斯洛第四個層次的需求，是備受欣賞和尊重。或者有人覺得，長者在年輕時也充分獲取了，但我想強調這些需要在人生任何階段都應該被滿足的。長者身心機能衰退，各項事情也得依賴他人，間接令被欣賞和尊重的需求更大，因為這是他們建立自信的最主要渠道。

第五個層次是自我實現的需求。即使是長者，他們仍會對生命有所渴求，若能實現就能產生幸福感。我曾在理工大學參與一個有關精神病康復者如何面對年老的研究。受訪者在精神病康復後，除面對身體衰退外，也受到長期服藥的副作用折磨，例如手震、口吃、嗜睡、疲倦、體重增加及坐立不安等，但他們仍積極參與復康機構的活動，算有同儕支持，也擁有自己的夢想，例如希望被社會大眾所尊重、與家人去旅行——這些聽起來並不如何偉大的祈盼，在他們心中卻十分奢侈。

遺憾的是，社會似乎認為只需滿足長者至第三層需求便已足夠，如此說來，現時的社會現象倒像是違反人類常識吧？其實只要生而為人，就會期望自己有所作為，而不僅是滿足生理需求。我們期望自己對社會有貢獻、受人尊重、過一個身心舒暢的人生。這需求不受年齡限制，即便長者亦是同樣。

但我們同時又生活在一個常常被要求去妥協的社會。例如香港貧富懸殊嚴重，不論住屋也好、物價也好，通通已經離地萬丈，超越一般人的負擔能力；延伸到年老臨終最後一刻，不論在居住環境也好、食物也好，仍然被要求對現實妥協，殊不知是掌控資源的人沒有做好自己的本分，才令其他人生活得如此悲哀與淒慘。

參考資料

Maslow, A. H. (1943). A theory of human motivation. Psychological Review, 50(4), 370–396. https://doi.org/10.1037/h0054346

細想艾瑞克森人格發展論：長者的任務與危機

「活到老，學到老」這句說話大家聽得多，但實際認真實行的人卻少之又少。他們要學習的，除了實在技能以外，就是「如何面對年老」這件事。到底年老的生命挑戰是甚麼？他們會面對何種生命危機？

八個人生階段的發展任務和危機

德裔美籍發展心理學家與心理分析學者艾瑞克森的人格發展論是其中一個心理學及輔導學的重要理論。他依據一般心理健康的人格特徵為立論基礎，將人生視為連續不斷的人格發展歷程，每一個階段都是不可忽視的。人格發展的意思，是指人生是「以個體自我為基礎，以反省、檢視個人心理社會發展（Psychosocial Development）」的一個歷程，並為人提供反省的依據與參考（Erikson,

1985）。

此理論有一核心思想，它認為每一個人生階段都有相應的發展任務和危機（Developmental Task and Psychological Crisis）。當人成功完成一個階段任務，就更有可能發展及成功完成下一階段的任務；反之若任務失敗，則會導致下個階段任務變得更困難。危機方面情況亦相似，當人成功應付一個階段的危機，就更有可能發展及成功跨過下一個階段危機；反之，則會對日後發展產生負面影響。人格發展論把人一生分為八個階段，其中六十五歲後的成熟期為最後一個人生時期。

絕望期中的自我調整

成熟期為最後一段人生時期，面對的發展任務和危機總稱為自我調整與絕望期的衝突（Ego integrity vs. Despair）。衰老過程中，由於長者體力、心力和健康每況愈下，為此他們要做出相應的調整和適應（Erikson, 1994）。

長者的發展任務為自我調整，指一種接受自我、承認現實的狀態。如果長者的自我調整能大於絕望（成功完成任務、面對危機），其將擁有智慧這種品格——艾瑞克森把它定義為「以超然的態度對待生活和死亡」，能夠隨心所欲，安享餘年，懷著充實的感情與世告別。

長者面對的生命危機則是絕望。若長者對生命的絕望大於自我調整（無法跨過危機、完成任務），他們會悔恨舊事、時時嘆息，懷著絕望走向死亡。而老年人對死亡的態度將直接影響下一代，即兒童時期信任感的形成，所以人生的第八階段和第一階段首尾相連，構成一個輪迴或生命的周期。

反思安老服務缺陷：忽視人格心理發展

香港安老服務一直未有好好正視長者的發展任務與危機。金齡一族即便有退休準備，但心理狀態卻未有調整與預備，導致一旦事與願違、身體突然衰退，便會產生巨大落差。前線照顧者對長者的心理需要與理解不足，光是應付長者的日常起居飲食已疲於奔命，往往忽視長者身心衰弱時的無力感。現今安老服務單就處理生存需要就已經甚為勉強，更遑談滿足心理需要。至於政策上，政府處理心理需要的方法永遠都是增加社工，好像社工是萬能藥似的，但其實真正了解心理需要的輔導員或者心理治療師，卻永遠走不進政府的眼簾之內。

華人照顧者對於死亡話題亦因文化而十分避忌，即使長者希望詳談，換來的卻是親友「唔好講呢啲」、「唔吉利」的回應；長者無對象傾訴，心中鬱結與憂慮無從宣洩。其實在我實際接觸的臨床個案中，不少長者對於死亡的態度都十分豁達，能有同儕一同傾談更是如獲至寶，並非如一般人所認為的如此避忌。開放討論與正面溝通，始終是讓長者心靈得到了解與安慰的真正鑰匙。

腦退化症患者　被遺忘的一群

艾瑞克森人格發展論的確能讓我們有系統地思考不同人生階段的任務與挑戰；但亦非一完美無缺的理論，例如在此理論中就未提及中度至嚴重認知缺損長者的情況。腦退化症在亞洲長者族群中甚為常見，但若出現認知缺損，長者短／中／長期記憶均會受到不同程度的損害，個人本身難以進行與思維統整有關的行動。

　　饒是如此，艾瑞克森人格發展論仍然是相當具參考性的理論。當我們認為長者無必要繼續學習時，艾瑞克森人格發展論告訴我們，其實人生每一階段都是一場學習，而且每一個人在任何一個生命周期中，均有改變的可能，只在於是否願意踏出自身一步——任何一個人，包括長者，和我們。

參考資料

Erikson, E. H. (1985). *The life cycle completed*: A review. W W Norton & Co.

Erikson, E. H (1994). *Vital Involvement in Old Age*. W. W. Norton & Company.

漫談照顧、談長者存在意義——從阿德勒說起

曾經看過一個電視節目，節目中一位照顧者提到「照顧他們，就是一場漫長而永遠不會贏的戰役。」在安老院工作的我，就常常親眼見證長者由行動自如，到需要拐杖或步行架輔助，再坐輪椅，最後收到離世電郵的通知。老去與死亡，都是不能逆轉的天命。

其中照顧腦退化症患者尤其讓人心痛。縱使藥物與非藥物治療均可延緩腦退化症，但不少病者終日連自己是誰也忘掉、不知自己身處何方，照顧者更不能要求患者對你的無盡照顧給予丁點的回應。既然漫長的照顧沒有任何回報，付出心血時間又未必奏效，照顧下去又有何意義？這也許是不少安老前線人員或是照顧者做到「懷疑人生」的疑問。

長者的社會價值與存在意義

一直以來，長者這個群組在主流社會眼中價值偏低——他們無生產力、需要人照顧、行將就木；如有長期病患者的價值就更低。當他們變得「無用」，就似乎只成為社會負累，而照顧這班人只是道德或責任，多於因為他們具存在價值。

「他們的存在有何意義？」下一步的問題是「照顧者在照顧一批『似乎沒存在意義的人』又有何意義？」——這是我們內心最深處的詰問。在本文我試援引著名奧地利心理學家阿爾弗雷德．阿德勒（Alfred Adler）之個體心理學學說，並以日本心理學者岸見一郎及作家古賀史健合著之《被討厭的勇氣：自我啟發之父「阿德勒」的教導》為藍本，思考長者存在的意義。

阿德勒：「自我價值是存在意義的核心」

相比起心理學家佛洛伊德（Sigmund Freud）和榮格（Carl Jung），阿德勒的名字是近年才被大眾重視，但其實他與上述兩位並列為二十世紀精神分析學派三大巨擘。個體心理學由阿德勒所創，被視為人本主義心理學先驅、現代自我心理學之父，對後來西方心理學發展具重要意義。

「長者的存在有何意義？」

就人的存在意義，阿德勒以貢獻感作為討論中心。他認為人對社會有貢獻，就能感受到自我價值，成為有價值的人。但問題是雖然長者曾經對社會有貢獻，但社會似乎並不看重過去，更重於現在與未來。在這樣的社會氛圍下，長者的價值益發下滑。例如腦退化症長者每天要人照顧、認不出身邊人，甚至個人主體意識都一步一步被病症侵蝕，更莫說對社會有貢獻。在《被討厭的勇氣》中，作者也提到上述疑問（頁214）。

對此，作者給予這樣的答案：我們認為他們無用，是因為我們常以行為層級看待別人，認為他們應該要做到甚麼，自然對他們多加要求；以致當他們做不到時，價值就隨之下降，但事實上並不如此，我們也應嘗試用存在層級去看待——光憑本身的存在就值得讓人表達喜悅與感謝。即使他們已甚麼也做不了，只能躺在床上日復一日地過，但他們的存在已有莫大的意義——只要尚存一息，就足以成為別人心靈上的支柱，而有所用處。

的而且確，對於照顧者而言，他們存活得好好的已令人感到莫大的安慰；被照顧者離世的一刻，照顧者也是很痛心的，不是嗎？長者的存在意義，就是他們當刻都好好的活著；而竭盡所能讓他們好好活著，就成為照顧者的照顧意義。

認真地讓彼此活在當下、得到幸福

阿德勒另一個重心課題是活在當下。阿德勒心理學認為人生其中一個最大的謊言是沒有活在當下——我們慣於沉浸過去、不斷張望未來；但在阿德勒眼中，過去與將來並不重要，重要的是現在這一刻。《被討厭的勇氣》裡曾提過一個登山的例子（頁269）。為何登山如此吸引？是因為攻頂的快感和成功感。但若果讓你坐直升機放你上山頂又如何？這就毫無樂趣了——同樣是抵達山頂，但過程原來比結果重要。

事實上照顧就是這麼一回事。我們都知道人終有一日歸天，但能夠當刻好好照顧對方，感受盡力照顧的過程，透過與被照顧者互動而感受到幸福，大概就是讓彼此活在當下、得到幸福的鑰匙。

要貫切活在當下主張，我們可以由接納自我、信任他人，還有貢獻他人入手（頁232）。我認為這種想法對照顧者而言甚為重要。接納自我是要接納自己的限制：照顧者也有自己的人生課題要處理、照顧被照顧者只是生活其中一部分。照顧者有時會把照顧責任悉數揹上身，造成過大的心理壓力，所以接納個人限制是首要處理的事。然後是學習信任他人。坊間有不少機構能為照顧者減輕生活負擔，但有時照顧者因為過度緊張而無法對機構委予信任、容易造成衝突。若能信任他人，將之看成是伙伴，很多誤會也能消除。最後在貢獻他人的過程中，當我們明白這種照顧並非毫無意義時，自能維持感受到自己是有價值，並從中得到幸福感。

阿德勒心理學是非常有趣而具實用性的心理學；基於篇幅所限，本文只能淺談，祈拋磚引玉刺激大家思考，有興趣者不妨多閱讀相關書目。

參考資料

阿爾弗雷德·阿德勒。(2020, September 9). Retrieved from 維基百科，自由的百科全書： https://zh.wikipedia.org/w/index.php?title=%E9%98%BF%E5%B0%94%E5%BC%97%E9%9B%B7%E5%BE%B7%C2%B7%E9%98%BF%E5%BE%B7%E5%8B%92&oldid=61570952

岸見一郎、古賀史健（2014）。葉小燕譯。《被討厭的勇氣：自我啟發之父「阿德勒」的教導》。臺北市：究竟出版社。

結語

在象牙塔中打了一個轉，不知各位有何感受。或許我們甚麼也沒得到過，但事實上我們又獲得了很多。

回歸到章節介紹中，應然與實然的問題。面對老去與死亡，剩下的不應只有妥協的殘忍，而是如何在現實的殘酷中，用最優雅的姿態老去與死亡。老與死並不可怕，不肯正面了解它、迎接它、擁抱它，才是可怕。

我認為香港十分缺乏這種既離地又貼地的思考討論，而這種缺乏或許正正是一個機會，為如今安老服務的殘局打開缺口。

但願這並非一個結束，而是一個開始。

當老 而不死

作　　者　殷琦
責任編輯　何欣容
書籍設計　Bianco Tsai
插畫設計　Bianco Tsai

蜂鳥出版
HUMMING PUBLISHING
在世界中哼唱，留下文字迴響。

出　　版　蜂鳥出版有限公司
電　　郵　hello@hummingpublishing.com
網　　址　www.hummingpublishing.com
臉　　書　www.facebook.com/humming.publishing/

發　　行　泛華發行代理有限公司
圖書分類　①社會研究　②老人學
初版一刷　2021 年 7 月

定　　價　港幣 HK$118　新台幣 NT$590
國際書號　978-988-75052-5-9